Michael Oettinger

Data Science

Eine praxisorientierte Einführung im Umfeld von Machine Learning, künstlicher Intelligenz und Big Data

www.tredition.de

© 2017 Michael Oettinger
Verlag: tredition GmbH, Hamburg - Printed in Germany

Gedrucktes Buch   ISBN 978-3-7439-3628-7
e-Book   ISBN 978-3-7439-3629-4

Das Werk, einschließlich seiner Teile, ist urheberrechtlich geschützt. Jede Verwertung ist ohne Zustimmung des Verlages und des Autors unzulässig. Dies gilt insbesondere für die elektronische oder sonstige Vervielfältigung, Übersetzung, Verbreitung und öffentliche Zugänglichmachung.

Inhalt

1 Einleitung 7
2 Daten bereitstellen 13
    2.1 Flatfiles 13
    2.2 Relationale Datenbanksysteme 14
    2.3 Data-Warehouse 15
    2.4 NoSQL 18
    2.5 Hadoop 20
    2.6 Cloud Computing 25
3 Daten analysieren 31
    3.1 Programmiersprachen 31
    3.2 Data-Science-Plattformen 42
    3.3 Machine-Learning-Bibliotheken 64
    3.4 Cloud-Angebote 75
    3.5 Entscheidungshilfe für die Softwareauswahl 78
4 Verfahren der Datenanalyse 84
    4.1 Begriffe 84
    4.2 Datentypen und Skalentypen 89
    4.3 Einordnung der Verfahren 90
    4.4 Analyseverfahren – Machine-Learning-Algorithmen 97
    4.5 Auswahl des richtigen Verfahrens 151
5 Vorgehensmodell für ML-Projekte 154
    5.1 Vorgehensweise – Methode 154
    5.2 Modell-Management 162

6	Anwendungsfälle – Use Cases	164
6.1	Use Cases nach Branchen	164
6.2	Beschreibung einzelner Use Cases	177
7	Abschluss	196
8	Informationsquellen	201
Autor		203
Literaturverzeichnis		204
Stichwortverzeichnis		207

1 Einleitung

Verzweifelt gesucht!

Data Scientisten (m/w) sind derzeit auf dem Jobmarkt heißbegehrt. In Amerika sind erfahrene Data Scientisten so beliebt wie eine Getränkebude in der Wüste. Aber auch in Deutschland ist eine steigende Nachfrage nach diesem Skillprofil erkennbar. Immer mehr Unternehmen bauen „Analytics"-Abteilungen auf bzw. aus und suchen entsprechende Mitarbeiter. Nur: was macht eigentlich ein Data Scientist?

Irgendetwas mit künstlicher Intelligenz, Machine Learning, Data-Mining, Python-Programmierung und Big Data. So genau weiß es eigentlich niemand …

Das Thema wird auch außerhalb der Unternehmen zunehmend wahrgenommen und diskutiert. Oft ist der Diskurs geprägt von einer Mischung aus Unwissenheit, Ignoranz und Ängsten, vor allem, was die künstliche Intelligenz angeht.

Das Spektrum der Meinungen reicht dabei von „Weltuntergang" bis „Weltrettung". Viele warnen vor den Gefahren, die sich aus der unkontrollierten Nutzung von Daten und den Möglichkeiten der künstlichen Intelligenz ergeben. Unternehmen wie Google und Facebook sind „Datenkraken", die ihre unvorstellbar großen Datenschätze mit intelligenten Verfahren auswerten, um damit unser Verhalten in ihrem Sinne beeinflussen und letztendlich auch über unser Leben bestimmen zu können. Autos fahren zukünftig autonom und intelligente Roboter werden unsere Sprache verstehen, selbständig intelligente Entscheidungen treffen und uns die Arbeitsplätze wegnehmen.

Auf der anderen Seite werden unvorstellbare Wunderszenarien mit „rosa Farben" an die Wand gemalt. Durch die Analyse von Daten können zukünftig „künstliche Ärzte" Krankheiten ausrotten, Verkehrsflüsse werden ohne Stau organisiert und der intelligente Kühlschrank wird sich automatisch selber füllen, da er genau weiß, was wir benötigen.

Kapitel 1 - Einleitung

Die Wahrheit liegt irgendwo in der Mitte, wobei es nicht wirklich die Mitte ist. Einerseits werden nämlich die Möglichkeiten und Fähigkeiten der eingesetzten Verfahren – meist aus Unwissenheit – völlig überschätzt. Ein künstliches neuronales Netz ist nichts weiteres als ein relativ einfaches mathematisches Verfahren, das noch meilenweit von den Fähigkeiten eines echten neuronalen Netzwerkes mit dem Namen „Gehirn" entfernt ist. Deep Learning mit dem Computer ist dem Lernen eines Zweijährigen in vielen Aspekten so unterlegen, dass der Begriff *Lernen* eigentlich irreführend ist. In anderen Aspekten ist der Computer aber mit seinen Fähigkeiten um Dimensionen besser als der Mensch. Viele der Potenziale, die sich daraus ergeben, liegen noch brach.

Mit diesem Buch soll das Themengebiet – praxisorientiert – auf den Boden der Realität geholt werden. Es geht um Data Science. Dabei handelt es sich zwar auch um eine Wissenschaft, aber vor allem um betriebliche Praxis. Es geht um das, was ein Data Scientist macht. Spätestens, als das Harvard Business Review im Oktober 2012 Data Science als „The Sexiest Job of the 21st Century" ausgerufen hat, ist das Interesse an dem Aufgabenfeld stark gestiegen.[1] Der Job eines Data Scientists ist es, aus großen Datenmengen Informationen zu generieren und Handlungsempfehlungen abzuleiten, die das Unternehmen befähigen, effizienter zu arbeiten. Dazu werden technische Hilfsmittel (Datenbanken, Analysesoftware) und theoretische Verfahren (Machine Learning, Data-Mining, statistische Verfahren etc.) eingesetzt.

Ein Data Scientist kann mit riesigen Datenmengen umgehen und einen möglichst großen Nutzen daraus ziehen. Das bedeutet, dass eine Mischung aus

- aktuellem, technischen / IT-Wissen,
- fundierten Kenntnissen der mathematisch-statistischen Verfahren,
- Domänenwissen über das fachliche Umfeld des Arbeitgebers / Auftraggebers,
- und kommunikativen Fähigkeiten

---

[1] Vgl. Harvard Business Review

vorhanden sein muss. Ein modernes Einhorn: ein „Data Geek" mit Managementqualitäten.

Das Buch will einen aktuellen Überblick darüber gegeben, was die „Wissenschaft" Data Science und der Beruf Data Scientist umfassen. Es soll ein Beitrag geleistet werden, der die Diskussion versachlicht und dazu anregt, das riesige Potenzial durch maschinelles Lernen vermehrt in der unternehmerischen Praxis zu nutzen. Ich habe den Eindruck, dass viele Aktivitäten in den Unternehmen noch zu stark auf Randgebiete beschränkt sind (es geht z. B. um die Bereitstellung der Technik oder um Diskussionen, was man machen will und darf), während die tatsächlichen „Erkenntnisgewinnungsprojekte" viel zu kurz kommen.

Es lässt sich die Frage stellen, ob es nicht fahrlässig ist, wenn Unternehmen und Organisationen bewährte Verfahren und Technologien nicht einsetzen. Beispielhaft auf das Gesundheitswesen angewendet:

Ist es „unterlassene Hilfeleistung mit Todesfolge", wenn Gesundheitsdaten nicht analysiert werden? Das ist zugegebenermaßen eine sehr provokante These. Aber im Kern geht es darum, dass es zahlreiche Beispiele gibt, in denen nachgewiesenermaßen durch die Analyse von Gesundheitsdaten Kosten gespart, Krankheitsbehandlungen optimiert und letztendlich Todesfälle verhindert werden können (siehe Abschnitt 6.2.4).

Es ist eben bequemer, sich auf die Schwierigkeiten der Datenbeschaffung, die restriktiven Datenschutzregelungen oder auf technische Engpässe zu berufen. Häufig kann man auch – insbesondere bei Führungskräften – ein Kokettieren mit der eigenen Ignoranz bezüglich Mathematik, Statistik und Technik erkennen. Aber es gibt keinen Grund, nicht zu handeln: Die Daten sind vorhanden; die mathematischen und statistischen Verfahren sind vorhanden; die Technik, auch riesige Datenmengen bzw. Big Data auszuwerten, ist vorhanden.

Letztendlich ist es ein Imperativ, alles daranzusetzen, Erkenntnisse aus den vorhandenen Daten zu gewinnen. Alles andere bedeutet eine Verschwendung

Kapitel 1 - Einleitung

des Geldes der Mitglieder unseres Gesundheitssystems und im extremen Fall eben auch unterlassene Hilfeleistung mit Todesfolge.

Man kann ähnlich provokante Fragen in allen Branchen finden. Ist es Verschwendung des Geldes der Eigentümer, wenn ein Chiphersteller nicht alles daransetzt, seinen Produktionsprozess durch Datenanalyse zu optimieren und den Ausschuss zu vermindern? Warum verschwendet eine Supermarktkette Lebensmittel, weil sie den Bedarf nicht nach Regeln der „Data Science" prognostiziert hatte (siehe Abschnitt 6.2.6)? Warum bleibt ein Zug stehen und verursacht hohe Kosten beim Bahnunternehmen und bei den Kunden, nur weil ein Teil kaputtgeht, dass man vorausschauend schon hätte wechseln können (siehe Abschnitt 6.2.2)?

Es lassen sich, wie gesagt, in jeder Branche hunderte vergleichbarer Fragestellungen finden, in denen mit datenanalysierenden Verfahren Verbesserungen realisiert werden können. Die Optimierungen in den einzelnen Projekten sind oft nicht weltbewegend, sondern liegen eher im unspektakulären Prozentbereich. Es reicht aber in der Regel aus, dass sich das einzelne Projekt rechnet (eine um 1 % erhöhte Responserate auf eine Mailingaktion kann eine Verdopplung des Gewinnes bedeuten). Und hochgerechnet auf das ganze Unternehmen, oder sogar auf Volkswirtschaften, reden wir über Millionen- bzw. Milliardenbeträge – und manchmal eben auch über tausende von Menschenleben.

Diese Effekte können oft über „unkritische" Projekte erreicht werden. Die Kritik an datenanalysierenden Aktivitäten, die Persönlichkeitsrechte verletzen, das Leben von Menschen manipulieren etc. ist berechtigt und notwendig. Aber es gibt genügend Bereiche, die unkritisch sind und es gibt keinen Grund, Aktivitäten in diesem Bereich nicht anzugehen.

Kapitel 1 - Einleitung

Gliederung des Buches

Das Buch ist folgendermaßen gegliedert:

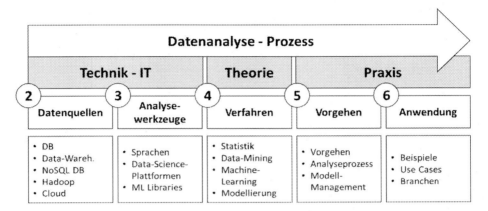

Nach einer Einführung in Kapitel 1 orientiert sich die Gliederung des Buches am Prozess der Datenanalyse. Von der Datenquelle geht es über die verwendeten Werkzeuge und die eingesetzten Verfahren bis hin zum konkreten Vorgehen und Beispielen in der Praxis.

Kapitel 2 beschäftigt sich mit den „Datentöpfen" unter einer technischen Brille. Wo und wie werden die Daten bereitgestellt, die als Quelle für die Datenanalyse herangezogen werden? Konkret werden die wichtigsten Arten von Datenbanken vorgestellt:

- Flatfiles
- ODBC-Datenbanken
- Data-Warehouse
- NoSQL-Datenbanken
- Hadoop
- Cloud-Speicher

Kapitel 1 - Einleitung

In **Kapitel 3** wird auf die Werkzeuge – also die Softwarelösungen – eingegangen, mit denen die Daten analysiert werden. Dabei wird zwischen den wichtigsten Sprachen (SQL, R, Python, Scala), den Data-Science-Plattformen und den Machine Learning Libraries unterschieden. Unter diesen Softwareanwendungen gibt es sowohl Open-Source- als auch kommerzielle Angebote.

In **Kapitel 4** wird auf die gebräuchlichsten Analyseverfahren eingegangen. Dabei handelt es sich um Verfahren aus den Bereichen Statistik, Mathematik, Machine Learning, künstliche Intelligenz und Computer Science. Es wird versucht, die Verfahren zu strukturieren und im Einzelnen so darzustellen, dass ein Grundverständnis für die Möglichkeiten und Grenzen des Verfahrens aufgebaut werden kann.

Kapitel 5 wendet sich der Praxis zu und erläutert, wie Analytics-Projekte in Unternehmen oder Forschungseinrichtungen durchgeführt werden. Die bewährten Vorgehensmodelle werden vorgestellt. Außerdem wird auf das Thema Modell-Management eingegangen. Dies ist vor allem dann wichtig, wenn in größeren Teams zusammengearbeitet wird und über die Zeit eine Vielzahl von Analysemodellen erstellt, getestet, angepasst und wieder verworfen werden.

In **Kapitel 6** werden Use Cases – also Anwendungsfälle – für die besprochenen Verfahren und Techniken vorgestellt. Dabei geht es nicht nur um konkrete Einzelfälle, sondern auch um den Versuch, ein Bild über mögliche Einsatzszenarien zu geben. Die Use Cases werden vorgestellt und die Besonderheiten ausgewählter Branchen diskutiert.

2 Daten bereitstellen

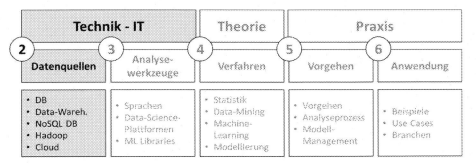

Data Science umfasst den Prozess, durch die Analyse von Daten mit geeigneten Verfahren Erkenntnisse zu gewinnen. Die erste Frage, die sich stellt, ist die Frage nach der Quelle der Daten. Woher kommen die zu analysierenden Daten und wo und wie werden sie bereitgestellt? Im Folgenden wird auf diese „Datenquellen" näher eingegangen. Konkret handelt es sich dabei um:

- Flatfiles
- Relationale Datenbanken
- Data-Warehouses
- NoSQL-Datenbanken
- Hadoop
- Cloud-Datenbanken

2.1 Flatfiles

Die einfachste Form der Datenbereitstellung sind Flatfiles, also Tabellen und strukturierte Textdateien, die man aus operativen Systemen wie z. B. ERP-Systemen exportiert oder über Befragungen gewonnen hat. Die Dateien werden in unterschiedlichen Formaten zur Verfügung gestellt. Die gebräuchlichsten sind:

- csv
- xls
- xml
- produktspezifische Formate (SPSS, SAS, Stata, ARFF, DBase ...)

Bei dieser Form der Datenanalyse handelt es sich nicht um „Big Data", aber dennoch spielen Flatfiles nach wie vor eine wichtige Rolle in Data-Science-Projekten. Für ein (einmaliges) Projekt sucht man die für die Fragestellung geeignete Datenquelle (also z. B. das SAP-System), exportiert die Daten in einem unterstützten Format und liest sie dann in eine Analyseplattform ein, wo die eigentliche Analyse bzw. Modellierung stattfindet. Liegt eine sehr hohe Anzahl an Flatfiles vor, bietet es sich an, den Prozess des Einlesens und Zusammenfassen der Daten z. B. durch ein Programm in Python zu automatisieren.

2.2 Relationale Datenbanksysteme

Relationale Datenbanksysteme dienen der Datenverwaltung und beruhen auf einem tabellenbasierten, relationalen Datenbankmodell. Sie werden auch als RDBMS (Relational Database Management System) bezeichnet. Zum Abfragen und Manipulieren der Daten wird überwiegend die Datenbanksprache SQL (Structured Query Language) eingesetzt.

Relationale Datenbanken folgen einem grundsätzlichen Schema. Daten werden in Tabellen gespeichert, wobei die Spalten die Variablen darstellen und die Zeilen die einzelnen Datensätze. Datenbanken werden dadurch „relational", wenn es Relationen – also Verbindungen – zwischen den Tabellen gibt. Diese werden eingeführt, um eine redundante Speicherung der gleichen Daten zu vermeiden. Damit werden Speicherplatz gespart und inkonsistente Datenhaltung vermieden. Beispielsweise werden bei einer Datenbank für *Kunden* nicht für jeden einzelnen Kunden die Unternehmensdaten angegeben, sondern die Kategorie *Unternehmen* wird als eigenständige Tabelle ausgelagert und über eine Relation den einzelnen Kunden zugeordnet. Ändert sich etwas an der Adresse des Unternehmens, muss dies nur an einer Stelle geändert werden – durch die Relation wird den einzelnen Kunden automatisch das entsprechende Unternehmen zugeordnet.

Tabelle		Kunde
Name	**Vorname**	**Unternehmen**
Karl	Mustermann	U1
Peter	Müller	U2
Claudia	Maier	U1
...		

Tabelle		Unternehmen	
UntNr	**Unternehmen**	**Strasse**	**Ort**
U1	ACME	Goethestr. 1	Berlin
U2	Müller GmbH	Hauptstr. 2	Hamburg
U3	ABC AG	Schillerstr. 1	Essen
...			

Trotz neuerer Entwicklung (siehe den folgenden Abschnitt) stellen relationale Datenbanken nach wie vor die große Mehrzahl der Datenspeicher in Unternehmen dar und sind zentraler Bestandteil der meisten operativen Anwendungen (ERP, CRM, HCM, SCM, Fachsysteme ...).

Die wichtigsten Anbieter sind:

- Oracle (Marktführer nach Umsatz)
- Microsoft SQL Server (Marktführer in bestimmten Märkten und auf bestimmten Plattformen)
- MySQL (Open Source, von Oracle erworben, höchste Anzahl an Implementierungen)
- PostgreSQL (Open Source)
- IBM DB2
- SAP Adaptive Server / SQL Anywhere / SAP MaxDB
- Amazon RDS (Cloud-Angebot für RDBS)

2.3 Data-Warehouse

Ein Data-Warehouse (DW oder DWH) ist eine zentrale Sammlung von Daten, die sich aus verschiedenen Quellen speist und vor allem für den Zweck der Analyse und der betriebswirtschaftlichen Entscheidungshilfe dauerhaft gespeichert wird.

Kapitel 2 - Daten bereitstellen

Meistens wird ein Data-Warehouse aus zwei Gründen aufgebaut:

- Es soll eine **Integration** von Daten aus verteilten und unterschiedlich strukturierten Datenbeständen erfolgen. Im Data-Warehouse können die Daten konsistent gesichtet werden und es wird eine datenquellenübergreifende Auswertung möglich. Die zeitaufwendigen und technisch anspruchsvollen Aufgaben der Datenextraktion und -integration aus verschiedenen Systemen erfolgt damit (im Ideal) einmalig und an zentraler Stelle. Die Daten stehen dann für Analysen und Reporting für die Fachabteilungen „konsumbereit" zur Verfügung.
- Durch eine **Trennung** der (oft „sensiblen") Daten in den operativen Systemen von den für das Reporting genutzten Daten im Data-Warehouse soll sichergestellt werden, dass durch die Datenabfragen für Analysen und Reporting keine operativen Systeme „gestört" werden. Niemand möchte, dass der Azubi in der Vertriebsabteilung durch eine Abfrage der kompletten, weltweiten Produktverkäufe, nach Wochen und Postleitzahl gegliedert, das Buchhaltungssystem für eine halbe Stunde lahmlegt.

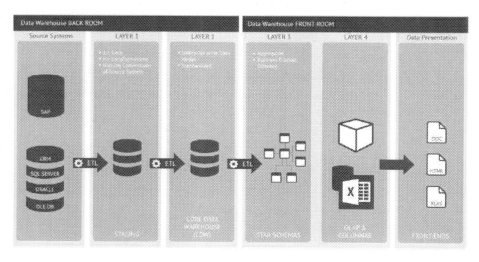

Abbildung 1: Quelle: https://www.pmone.com/blog/wiki/data-warehouse/

Technisch gesehen sind Data-Warehouse-Systeme eine Sammlung von Softwarekomponenten, die die Umsetzung des Data-Warehouse-Konzeptes ermöglichen. Sie bestehen aus:

- **ETL-Komponenten**, die den ETL-Prozess (also die Extraktion, Transformation und das Loading der Daten) unterstützen,
- dem **Core-Data-Warehouse**, also einer Sammlung von gemanagten Datenbanksystemen, die auf Parallelisierung und Performance für das Handling riesiger Datenmengen optimiert sind,
- den „vorbereiteten" **Aggregationen** (Star-Schemas), die Auswertungen beschleunigen.
- einem **User Interface**, das die Verwaltung und die Auswertung der Datenbestände ermöglicht.

Die wichtigsten Anbieter von Data-Warehouse-Systemen sind:

- Oracle
- Teradata
- Microsoft
- IBM
- SAP

Data Lake

In letzter Zeit wird immer häufiger der Begriff „Data Lake" verwendet. Es handelt sich dabei um ein Konzept, das als eine Erweiterung des Data-Warehouse-Gedankens gesehen werden kann, der dann aber technisch mit Hadoop- oder NoSQL-Mitteln umgesetzt wird (siehe die folgenden zwei Abschnitte).

Im Unterschied zum Data-Warehouse, wo die Daten aus verschiedenen Quellen bezogen und dann so aufbereitet werden, dass sie vergleichbar sind und damit aggregiert werden können (ETL-Prozess), werden beim Data Lake die Daten erst einmal im ursprünglichen Format und unbearbeitet gesammelt.

Eine Bearbeitung bzw. Transformation der Daten erfolgt dann erst bei Bedarf vor der eigentlichen Analyse (ELT-Prozess). Diese Vorgehensweise eignet sich also vor allem für

- eher unstrukturierte Daten, z. B. aus sozialen Medien, Blogbeiträgen, Bild- und Videodateien,
- strukturiertere XML- bzw. HTML-Daten,
- oder für Sensor-Daten.

Damit sind wir nun wirklich im Bereich Big Data angekommen. Die große Herausforderung ist es an dieser Stelle, diesen erstmal unbearbeiteten „Datensee" tatsächlich für Analysen und damit einhergehend für den Erkenntnisgewinn zu nutzen. Ein Datentümpel, der ständig mit unnützen Datenmengen ergänzt wird und wächst und wächst, ist wertlos.

Die klassischen Analyseverfahren (siehe Abschnitt 4.4) sind für strukturierte Daten konzipiert. Eine Analyse der unstrukturierten Daten setzt also voraus, dass diese in irgendeiner Form strukturiert werden, um sie im Anschluss mit den vorhandenen Verfahren analysieren zu können. Nur durch eine integrierte Datenstrategie, die die strukturierten und unstrukturierten Daten miteinbezieht, können die Schätze des Big Data tatsächlich gehoben werden.

2.4 NoSQL

Unter dem Begriff NoSQL werden unterschiedliche Arten von Datenverwaltungssystemen zusammengefasst. Ganz wichtig vorneweg: NoSQL steht **nicht** für „no SQL", also „kein SQL"! Das „No" bedeutet vielmehr „not only". NoSQL ist also keine Anti-SQL-Bewegung, sondern soll eine Alternative bzw. Bereicherung zur SQL-Welt darstellen.

Den unterschiedlichen Ausprägungen von NoSQL-Datenbanken ist gemeinsam, dass sie für Anwendungsfälle geschaffen wurden, in denen die verfügbaren SQL-basierten Datenbanken an ihre Grenzen stießen und daher nicht oder nur mit sehr großem Aufwand einsetzbar waren.

Die Architektur vieler NoSQL-Datenbanken setzt auf den Einsatz einer großen Anzahl kostengünstiger Rechnersysteme zur Datenspeicherung, wobei die meisten Knoten gleichrangig sind. Eine Skalierung erfolgt dann einfach durch Hinzufügen weiterer Knoten.

NoSQL-Datenbanken unterscheiden sich hinsichtlich der Art der „Verschlüsselung". Es gibt „Key-Value-Stores" oder komplexere, dokumentenorientierte Ansätze, die zusätzlich zu Dokumenten noch Verknüpfungen zwischen Dokumenten bieten.

NoSQL-Datenbanken werden vor allem dann eingesetzt, wenn SQL-Datenbanken an ihre Grenzen stoßen. In NoSQL-Systemen lassen sich z. B. wesentlich größere Mengen an Daten ablegen, ohne an Performancegrenzen zu stoßen. Bei komplexen Abfrageanforderungen, etwa im Bereich unstrukturierter Daten wie Video-, Audio- oder Bilddateien, erlauben einige NoSQL-Datenbanken baumförmige Strukturen der Metadaten ohne ein fest definiertes Datenschema und deren flexible Abfrage. Bei Daten mit schwankendem Typ und Inhalt eignen sich NoSQL-Datenbanken besser, weil sich die Daten nicht länger in das „SQL-Korsett" von Tabellen und Relationen pressen lassen müssen.

Man muss sich aber bewusst darüber sein, dass die Verfahren, mit denen aus Daten Erkenntnisse für eine Prognose gewonnen werden, auf strukturierte Daten angewiesen sind. Das bedeutet nicht, dass das „SQL-Korsett" für die Rohdaten eingehalten werden muss, aber die Aufbereitung vor der Analyse erfordert eine Strukturierung. Bei der Verwendung von NoSQL-Datenbanken müssen daher die ja immer vorhandenen Strukturen der Datenhaltung beachtet und die entsprechende Aufbereitungsschritte angewendet werden.

Wichtige Anbieter von NoSQL-Datenbanken sind:[2]

- MongoDB
- Cassandra
- Redis

---

[2] Vgl.: http://nosql-database.org/

Kapitel 2 - Daten bereitstellen

- HBase
- Couchbase
- NoSQL-Angebote der Cloudanbieter wie AWS und MS Azure

2.5 Hadoop

Apache Hadoop ist ein Software-Framework, mit dessen Hilfe rechenintensive Prozesse mit großen Datenmengen auf Server-Clustern bearbeitet werden können. Anwendungen können mit der Unterstützung Hadoops komplexe Aufgaben auf tausende von Rechnerknoten verteilen und Datenvolumina im Petabyte-Bereich verarbeiten. Es basiert ursprünglich auf dem MapReduce-Algorithmus und Grundideen des Google-Dateisystems. Es wird von der Apache Software Foundation – eine Gemeinschaft von Entwicklern, die Open-Source-Softwareprodukte entwickeln – als Top-Level-Projekt vorangetrieben.

Hadoop besteht aus vier Kernmodulen und weiteren Komponenten, die zum Hadoop Ecosystem dazugerechnet werden.

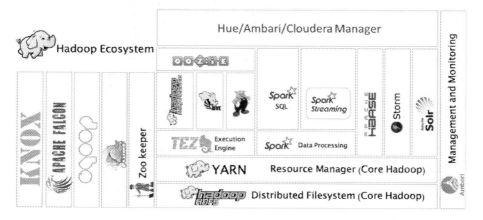

Die vier Kernmodule sind:

- **Hadoop Common**: Hilfswerkzeug, das die Hadoop-Komponenten verwaltet bzw. unterstützt.

- **Hadoop Distributed File System** (HDFS): HDFS ist ein hochverfügbares Dateisystem zur Speicherung sehr großer Datenmengen auf den Dateisystemen mehrerer Rechner (Knoten). Dateien werden in Datenblöcke mit fester Länge zerlegt und redundant auf die teilnehmenden Knoten verteilt. Dabei gibt es Master- und Slave-Knoten. Ein Master-Knoten, der sogenannte NameNode, bearbeitet eingehende Datenanfragen, organisiert die Ablage von Dateien in den Slave-Knoten und speichert anfallende Metadaten. HDFS unterstützt dabei Dateisysteme mit mehreren 100 Millionen Dateien.

- **Hadoop YARN**: Eine Softwarelösung, die die Verwaltung der Ressourcen (also das Job-Scheduling) eines Clusters übernimmt.

- **Hadoop MapReduce**: Ein auf YARN basierendes System, das paralleles Prozessieren großer Datenmengen realisiert. Hadoop beinhaltet den MapReduce-Algorithmus, dieser gilt aber zunehmend als veraltet und wird durch graphenbasierte Verfahren (Spark, Tez) ersetzt.

Im Rahmen von Apache werden weitere Projekte zum **Hadoop Ecosystem** dazugehörig gezählt:

- **Ambari**: Ambari ist eine Managementplattform, die die Verwaltung (Provisionierung, Management, Monitoring) der Hadoop-Cluster vereinfachen soll. Unterstützt werden: HDFS, Hadoop MapReduce, Hive, HCatalog, HBase, ZooKeeper, Oozie, Pig and Sqoop.
- **Avro**: Avro ist ein System zur Serialisierung von Daten.
- **Cassandra**: Cassandra ein skalierbares NoSQL-Datenbanksystem für Hadoop-Cluster.
- **Chukwa**: Chukwa ermöglicht die Datensammlung und Echtzeitüberwachung sehr großer verteilter Systeme.

Kapitel 2 - Daten bereitstellen

- **HBase**: HBase ist eine skalierbare Datenbank zur Verwaltung sehr großer Datenmengen innerhalb eines Hadoop-Clusters. Die HBase-Datenbank basiert auf Googles BigTable. Diese Datenstruktur ist für Daten geeignet, die selten verändert, dafür aber sehr häufig ergänzt werden. Mit HBase lassen sich Milliarden von Zeilen verteilt und effizient verwalten.
- **Hive**: Hive ist eine Data-Warehouse-Infrastrukturkomponente, die Hadoop-Cluster um Data-Warehouse-Funktionalitäten erweitert. Mit HiveQL wird eine SQL-Sprache zur Abfrage und Verwaltung der Datenbanken bereitgestellt.
- **Mahout**: Mahout ist eine skalierbare Machine Learning und Data-Mining Library.
- **Pig**: Pig ist einerseits eine Hochsprache für Datenfluss Programmierung, andererseits ein Framework, das die Parallelisierung der Rechenvorgänge unterstützt.
- **Spark**: Spark ist eine performante In-Memory-Batch-Prozess-Engine für Hadoop-Daten. Spark unterstützt ein Programmiermodell, das ETL-, Machine-Learning-, Streaming- und Graphenprozesse unterstützt.
- **Tez**: Apache Tez ist ein allgemeines Datenfluss-Programmier-Framework. Die ursprünglich von Hortonworks entwickelte Anwendung unterstützt Directed Acyclic Graph (DAG). Tez baut auf YARN auf und wird auch durch YARN gesteuert. Tez kann jeden MapReduce-Job ohne Modifikationen ausführen. MapReduce-Jobs können in einen Tez-Job überführt werden, was die Leistung steigert.
- **ZooKeeper**: ZooKeeper ist ein performantes System zur Koordination und Konfiguration verteilter Systeme.

Aus der Aufzählung und kurzen Beschreibung der Hadoop-Komponenten wird deutlich, dass es sich bei Hadoop nicht um ein einfaches Datenmanagement-Tool handelt, sondern vielmehr um ein komplexes und sich dynamisch veränderndes Sammelsurium an Projekten und Softwareprodukten, die der Idee der verteilten Datenhaltung von Big Data folgen.

Kapitel 2 - Daten bereitstellen

Die unterschiedlichen Hadoop-Komponenten können von der Homepage der Apache Foundation kostenlos heruntergeladen werden. Unternehmen setzen aber bei Hadoop auf die Dienstleistungen kommerzieller Hadoop-Distributoren. Diese bieten „vorgefertigte" Pakete mit z. T. zusätzlichen Komponenten an. In der Regel sind fallen keine Lizenzkosten an, es wird aber eine Subscription Fee, also eine Gebühr für die Wartung, Pflege und den Support der Software, verlangt. Die wichtigsten Anbieter sind:

- Hortonworks
- Cloudera
- MapR
- IBM
- Pivotal

Daneben haben die Cloudanbieter eigene Hadoop-Angebote:

- Amazon Web Services Elastic MapReduce
- Microsoft Azures HDInsight

In der folgenden Abbildung soll anhand der aktuellen Hortonworks Data Platform 2.5 gezeigt werden, dass mit einer *Hadoop-Installation* immer die Summe der Einzelkomponenten mit ihren jeweiligen Versionsständen gemeint ist.

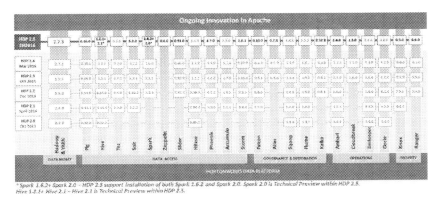

Abbildung 2: Quelle: www.hortonworks.com

Hadoop ist ein für Unternehmen sehr attraktives „Produkt", da es als Open-Source-Projekt grundsätzlich lizenzkostenfrei bezogen werden kann und für die Herausforderungen des Datenwachstums eine kostengünstige Lösung zu bieten scheint.

Im vorangegangenen Abschnitt zum Thema Data Lake wurde schon auf die Herausforderung eingegangen: Für die exponentiell wachsende Datenmenge an strukturierten und unstrukturierten Daten soll eine integrierte technische Plattform bereitgestellt werden. Sowohl strukturierte Daten (HBase), als auch weniger strukturierte Daten (HDFS, Cassandra) können mit extremer Skalierbarkeit in einem gemeinsamen Framework verwaltet und bereitgestellt werden. Daher ist Hadoop die ideale technische Plattform, um eine integrierte Datenstrategie des Unternehmens umzusetzen.

Das ganze Thema ist damit in den letzten Jahren natürlich zum „Hype" geworden und der eine oder andere hat damit auch schon das Ende klassischer Data-Warehouse-Produkte prophezeit. Die Gründe zu diskutieren, warum das schnelle Ende klassischer Data-Warehouse-Systeme nicht bevorsteht, würde den Rahmen und das Thema dieses Buches sprengen. Etwas vereinfacht, kann das Thema aber so zusammengefasst werden:

- Aufgrund der Komplexität und Dynamik der Hadoop-Projekte ist eine Hadoop-Installation alles andere als kostenlos. Auch wenn keine Lizenzkosten anfallen, so sind z. B. Wartung, Hardware, Personal und Schulung mit hohem Aufwand verbunden.
- Die Installationen können als laufende Projekte gesehen werden, da die Hadoop-Komponenten einem dauernden Wandel unterzogen sind. Was heute „heiß" ist, kann morgen schon wieder als veraltet gelten.
- Die Performance für bestimmte Arten von Queries in Data-Warehouse-Systemen sind mit Hadoop-Komponenten nicht erreichbar. In den kommerziellen Data-Warehouse-Produkten stecken hunderte von Entwicklerjahren, die für die Optimierung der verteilten Speicherung und Abfrage von Daten verwendet wurden. Der Hersteller Teradata hat in einer noch nicht veröffentlichten Studie die Kosten einer

Query auf unterschiedlichen Plattformen (Kombinationen aus Data-Warehouse, Hadoop und Cloud) verglichen und ist dabei teilweise auf Kostenunterschiede je Abfrage vom Faktor > 1.000 zugunsten der Data-Warehouse-Technologie gekommen. Das zeigt, dass Unternehmen genau definieren müssen, wo und wie sie ihre Daten speichern wollen. Businesskritische, strukturierte Daten sind wahrscheinlich in einem Data-Warehouse am besten aufgehoben, während „Tonnen" von unstrukturierten Facebook- und Twitter-Daten, bei denen man noch gar nicht so genau weiß, was man damit machen möchte, in einem „Hadoop Lake" abgelegt werden können. Es zeigt sich, dass für Unternehmen eine umfassende Datenstrategie notwendig ist.

2.6 Cloud Computing

In den vorangegangenen Abschnitten wurden die unterschiedlichen Datenquellen vorgestellt. Beim Cloud Computing handelt es sich nicht um einen eigenen Typ von Datenquelle, sondern um die Art der Bereitstellung von Computing-Services. Es ist hier also von einer anderen Ebene der Rede. Die vorher beschriebenen Datenquellen können grundsätzlich On-Premises (also in den eigenen Räumlichkeiten) oder in der Cloud betrieben werden. Dennoch soll in diesem Abschnitt auf das Cloud Computing eingegangen werden, da derzeit in der betrieblichen Praxis sehr häufig die Frage des Cloud Computing zeitgleich mit der Big-Data-Diskussion geführt wird.

Der wolkige Begriff „Cloud Computing" wird von der Öffentlichkeit mittlerweile mehr und mehr verstanden und die Diskussionen entsprechend richtig geführt. Beim Thema Cloud Computing – also der Bereitstellung von Computing-Leistung über das Internet – kann man drei Arten von Angeboten unterscheiden:

Kapitel 2 - Daten bereitstellen

- **IaaS (Infrastructure as a Service):** Der Cloud-Dienstleister stellt die Server, samt Netzwerk, Speicher, Virtualisierungstechnologie und gegebenenfalls inkl. Betriebssystem zur Verfügung. Der Kunde verwaltet die Anwendungen und die Daten in eigener Regie.
- **PaaS (Platform as a Service):** Hier stellt der Dienstleister zusätzlich das Betriebssystem, die Middelware und die Laufzeitumgebung zur Verfügung, während der Kunde sich nur noch um die Anwendungssoftware und die Daten kümmert.
- **SaaS (Software as a Service):** Bei SaaS wird die gesamte Anwendung inclusive der Datenhaltung als Service bereitgestellt.

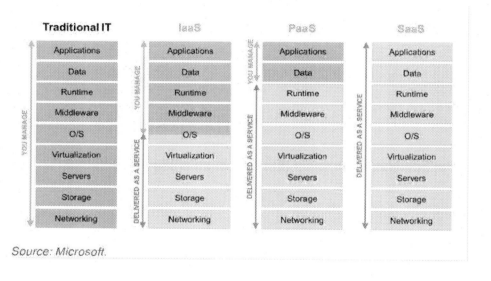

Source: Microsoft.

Darüber hinaus kann man unterscheiden, wer die Cloud-Lösung betreibt. Bei einer **Public Cloud** wird also die „öffentliche" Infrastruktur des Cloud-Anbieters gemeinsam von den unterschiedlichen Kunden genutzt. Eine **Private Cloud** nutzt die Technologien des Cloud Computing, aber die Infrastruktur wird exklusiv für einen Kunden zur Verfügung gestellt oder sogar aufgebaut. Die Abgrenzung zu einem traditionellen On-Premises-Betrieb mit flexiblen Virtualisierungs-Technologien ist nicht immer ganz klar und manchmal auch eher marketing- denn technologiegetrieben.

Eine Zwischenform ist die **Hybrid Cloud**, wo Teile der Computing-Leistung On-Premises durchgeführt werden, während die anderen Teile auf die (Public) Cloud ausgelagert werden.

Die wichtigsten Anbieter von Cloud-Dienstleistungen sind:

- AWS (amazon cloud services)
- Microsoft Azure
- T-Systems
- IBM

Die unterschiedlichen Arten von Datenquellen, wie sie in den vorangegangenen Abschnitten beschrieben worden sind, können auf den Cloud-Plattformen betrieben werden. Egal ob Oracle-Datenbank, MongoDB, Hadoop-Cluster oder Teradata-Data-Warehouse, all diese Produkte – und noch viele mehr – sind auf den Marketplaces der großen Cloud-Anbieter als SaaS-Angebot verfügbar oder können bei einer PaaS- oder IaaS-Cloud-Lösung als „selbst mitgebrachte" Software installiert werden.

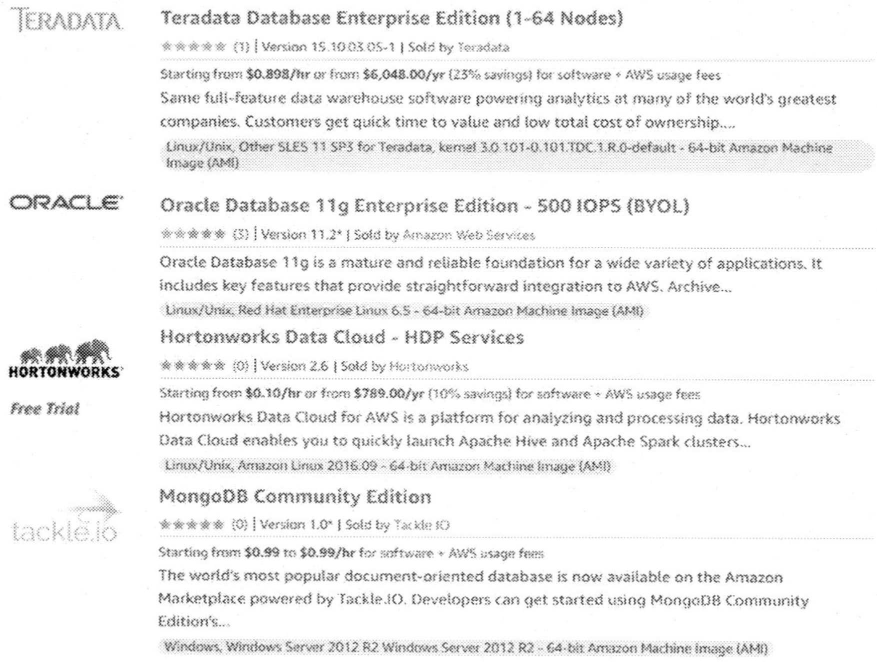

Kapitel 2 - Daten bereitstellen

Abbildung 3: Beispiel von AWS Angeboten

Darüber hinaus bieten die Cloud-Anbieter auch eigene Datenbankangebote an:

Zu den AWS-Datenbankservices gehört der Amazon Relational Database Service (Amazon RDS) mit Unterstützung von häufig verwendeten Datenbank-Engines, z. B:

- Amazon Aurora, eine MySQL-kompatible relationale Datenbank,
- Amazon DynamoDB, ein NoSQL-Datenbankservice,
- Amazon Redshift, ein Warehouse-Service,
- Amazon EMR, das ein verwaltetes Hadoop Framework bietet.

Kapitel 2 - Daten bereitstellen

Das entsprechende Microsoft Azure Angebot besteht aus den folgenden Elementen:

- Azure SQL-Datenbank
- Document DB, eine NoSQL-Datenbank
- Azure SQL Data-Warehouse
- Microsoft Azure Data Lake Store, eine Hadoop-Anwendung

Die Cloud-Anbieter konkurrieren mit ihren Angeboten dann natürlich mit den etablierten Datenbanklösungs-Anbietern auf ihren Marktplätzen, was zu ungewohnten Konkurrenz- bzw. Kooperationssituationen führt. Es wird spannend sein, inwieweit es den Cloud-Anbietern (allen voran AWS und Azure) gelingt, daraus Kapital zu schlagen und ihren Marktanteil in den Softwarebereichen auszubauen.

Bei der Einrichtung bspw. eines Hadoop-Clusters werden die Vorteile der Cloud-Technologie deutlich. Ohne sich Gedanken über Hardware, deren Konfigurationen und Betrieb, Kompatibilitäten von Softwarekomponenten, Skalierung und Nutzungsprognosen etc. zu machen, kann mit wenigen Mausklicks ein Hadoop-Cluster eingerichtet werden.

Kapitel 2 - Daten bereitstellen

Das Einrichten des Hadoop-Clusters stellt sich dabei zunächst einmal in etwa so schwierig dar wie eine Pizzabestellung auf lieferando.de. Aus einem Menü an Optionen kann man sich sein Cluster zusammenkonfigurieren.

Die monatlichen Kosten können dabei im Voraus geschätzt werden.

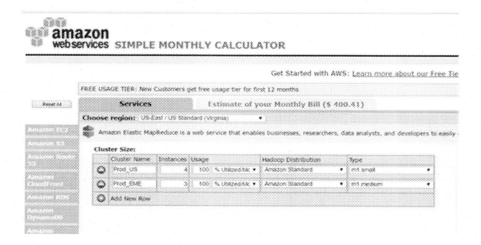

Die entsprechenden Software-Komponenten werden damit tatsächlich zum Service, der nach Bedarf eingerichtet, skaliert, betrieben und auch „retired" werden kann.

3 Daten analysieren

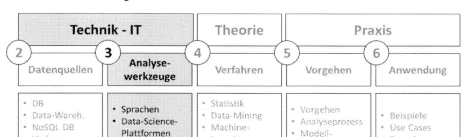

Im vorangegangenen Kapitel ging es um die Datenquellen, also um die Softwarekomponenten, in denen die zu analysierenden Daten gespeichert werden. Dieses Kapitel handelt nun von den Komponenten, mit denen die Analysen durchgeführt werden können. Es sind also die wichtigsten Werkzeuge der Data Scientisten für den Kern ihrer Arbeit. Die Softwareprodukte und -services lassen sich unterscheiden in:

- Programmiersprachen für Data Scientisten,
- Data-Science-Plattformen,
- Machine-Learning-Bibliotheken,
- Machine-Learning-Angebote der Cloud-Anbieter.

3.1 Programmiersprachen

Es gibt unzählige Programmiersprachen, wobei es vielleicht eine Handvoll Standardsprachen für die professionelle Softwareentwicklung gibt (C, C++, Java etc.). Abgesehen von Java haben sich für die Anwendung in der Data Science aber andere Sprachen als Standard entwickelt. Dazu kann man

- SQL, eine Datenbanksprache,
- R,
- Python,

- und mit etwas Abstand Scala

als die Sprachen mit der größten Bedeutung zählen. Im Folgenden wird auf diese Sprachen eingegangen.

3.1.1 SQL

SQL ist *die* Sprache für relationale Datenbanken. Relationale Datenbanken folgen einem grundsätzlichen Schema. Daten werden in Tabellen gespeichert, wobei die Spalten die Variablen darstellen und die Zeilen die einzelnen Datensätze. Datenbanken werden relational, wenn es Relationen – also Verbindungen – zwischen den Tabellen gibt. Diese werden eingeführt, um eine redundante Speicherung der gleichen Daten zu vermeiden. Damit wird Speicherplatz gespart und inkonsistente Datenhaltung vermieden (siehe Abschnitt 2.2).

Etwas vereinfacht ist das eigentlich schon alles, was eine relationale Datenbank ausmacht. SQL ist die für diese Struktur von Datenbanken geeignete Abfragesprache. Die unterschiedlichen Datenbanksysteme mögen unterschiedliche SQL-Dialekte haben, aber in Grundzügen ist SQL die universelle Sprache für relationale Datenbanken.

Die wesentlichen Operationen von SQL, aus denen alle weiteren abgeleitet werden können, sind die folgenden:

- Projektion
- Selektion
- Kreuzprodukt oder kartesisches Produkt
- Umbenennung
- Vereinigung
- Differenz

Alle Anfragen, die mittels SQL an eine relationale Datenbank gestellt werden, werden vom Datenbankmanagementsystem auf diese Operatoren abgebildet.

In der Praxis gibt es weitere Operatoren, wie z. B. den Join-Operator, der jedoch ebenfalls nur eine Kombination aus Kreuzprodukt, Selektion und Projektion darstellt.

Wenn man so will, ist der Join-Befehl der wichtigste SQL-Befehl, da dadurch eine Verbindung zwischen zwei oder mehreren Tabellen hergestellt wird.

Um Daten aus einer Datenbank zu extrahieren und einfachere Funktionen (wie Summierungen oder Gruppierungen) durchzuführen, ist SQL optimal geeignet und gehört daher zum Grundwortschatz eines Data Scientisten. Sobald es aber darum geht, ausgefallenere Verfahren anzuführen, kommt SQL schnell an seine Grenzen. Der Code wird kompliziert und die Gefahr, durch suboptimale Abfragen die Datenbank „lahmzulegen", ist nicht gering.

Schon eine vergleichsweise einfache Berechnung der Korrelation zweier Variablen (x, y) ist recht kompliziert und nicht optimiert für die I/O bzw. Prozessor-Performance.

select (count(*) * sum(x * y) - sum(x) * sum(y)) /
(sqrt(count(*) * sum(x * x) - sum(x) * sum(x)) *
sqrt(count(*) * sum(y * y) - sum(y) * sum(y)))
from data

In den früheren Schritten des Datenanalyse-Prozesses, also beim Zugriff auf die Datenquellen, spielt SQL eine wichtige Rolle. Bei der eigentlichen Datenanalyse werden andere Sprachen bzw. Softwarelösungen genutzt (eine Ausnahme ist die Verfahrensbibliothek von Fuzzy Logix, die den SQL-Wortschatz um die entsprechenden analytischen Verfahren ergänzt – siehe Abschnitt 3.3.5)

3.1.2 R

R ist eine Programmiersprache für statistische Berechnungen und Grafiken, die als die wichtigste Standardsprache für statistische Problemstellungen, sowohl in der Wissenschaft als auch in der Industrie, gilt. R ist Teil des GNU-Projekts und ist als Open-Source-Lösung für unterschiedliche Umgebungen (Windows, Mac OS, Linux, Unix) erhältlich. R ist eine Interpretersprache, die nicht kompiliert werden muss.

Die einfachste Datenstruktur von R ist der Vektor. Die Elemente von **Vektoren** (eindimensional), **Matrizen** (ein- oder zweidimensional) und **Arrays** (beliebig dimensional) müssen Elemente gleichen Datentyps sein. Rechenoperationen können dann auf alle Elemente dieser Datenstrukturen angewendet werden. Neben diesen homogenen Datenstrukturen werden oft **Data Frames** verwendet, um Daten als Datensatz darzustellen. Data Frames sind matrizenförmig, können jedoch aus Spalten unterschiedlicher Datentypen bestehen. Darüber hinaus gibt es Listen. In **Listen** sind Daten beliebiger R-Strukturen und Datentypen enthalten. Objekte verschiedener Datenstrukturen können gemeinsam in der Arbeitsumgebung existieren und gleichzeitig in Analysen verwendet werden.

Der Funktionsumfang wird durch eine **Standardbibliothek**, die aus 29 Paketen besteht, erweitert. Darüber hinaus gibt es tausende weitere Packages, die den Funktionsumfang fast beliebig ergänzen. Alleine auf CRAN (Comprehensive R Archive Network) waren im Mai 2017 10.563 Packages verfügbar. Eine strukturierte Übersicht über die in den Packages enthaltenen Verfahren findet sich ebenfalls auf CRAN.[3]

---

[3] https://cran.r-project.org/web/views/MachineLearning.html

Kapitel **3** - Daten analysieren

Damit ist natürlich R die Software für Data Science mit dem bei Weitem größten Funktionsumfang. Schnittstellen von R auf die gängigen Datenquellen, Programme und Sprachen sind vorhanden.

Die am häufigsten heruntergeladenen Pakete (Januar bis Mai 2015) waren:

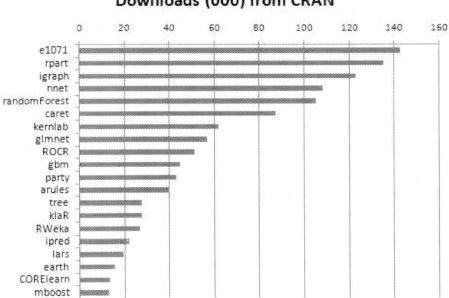

Abbildung 4: http://www.kdnuggets.com/2015/06/top-20-r-machine-learning-packages.html

Die R-Installation beinhaltet RGui, eine Kommandozeilenumgebung für R, die auch die Erstellung und Ausführung von Script-Dateien ermöglicht.

Mit RStudio existiert eine komfortable Entwicklungsumgebung, die lokal, oder in einer Client-Server-Installation, über den Webbrowser genutzt werden kann. RStudio ist als freie Open-Source-Version oder als lizenzpflichtige „Professional"-Version erhältlich. R-Applikationen lassen sich über Shiny auch direkt interaktiv im Web nutzen.

Kapitel **3** - Daten analysieren

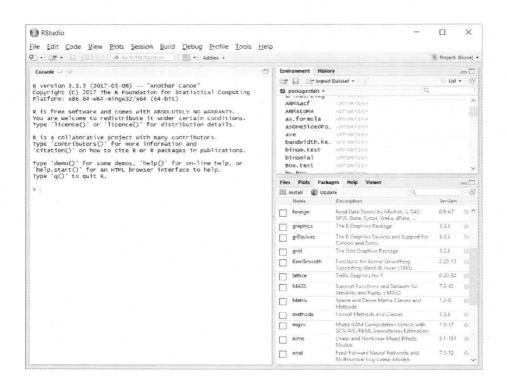

Als klare Stärke von R kann der riesige Funktionsumfang gesehen werden. Neuste statistische Methoden oder Algorithmen werden mit großer Wahrscheinlichkeit als erstes in R implementiert. Die Schnittstellen von und zu R sind sicher ein weiterer wichtiger Vorteil. Durch die große R Community ist der Support gewährleistet und der Zugang zu frei verfügbaren Hilfe-Ressourcen (Manuals, Tutorials etc.) erleichtert das Erlernen der Sprache.

Als nachteilig kann angesehen werden, dass R keine einfache grafische Benutzeroberfläche hat und somit eine Einstiegshürde für „Laien-Anwender" besteht. Die Qualität und Stabilität der – vor allem wenig genutzten exotischen Pakete – ist nicht immer sichergestellt.

Der wohl wesentlichste Nachteil von R ist im Bereich der Performance insbesondere für „Big Data" zu sehen. Grundsätzlich werden in R die Daten in den Hauptspeicher geladen und die Prozesse In-Memory durchgeführt. Das führt zu Restriktionen, was die Anzahl der Variablen und Datensätze angeht. Als Größenordnung kann man bei einem Desktop-Rechner mit 16 TB einige Millionen von Datensätzen ohne Probleme analysieren. Durch die Benutzung von Server- bzw. Cloud-Großrechnern, kann dann – in Abhängigkeit vom Hauptspeicher, der aktuell durchaus im TB-Bereich liegt – die Grenze in den Milliardenbereich von Datensätzen oder Variablen ausgedehnt werden (die theoretische Grenze liegt bei $2^{31}-1$).

Außerdem ist R als Interpreter-Sprache bzw. sind einzelne Algorithmen nicht auf das Maximum an Performance ausgelegt. Durch unterschiedliche Strategien können die Herausforderungen aus Big-Data-Projekten aber beantwortet werden. Beispiele dafür sind:

- Vergrößern der Hardware,
- Reduktion der Variablenanzahl oder Datensätze durch Sampling,
- Optimieren der Algorithmen (z. B. durch Auslagern von Teilen des Codes in Compilersprachen),
- Optimieren der R Scripts (z. B. durch Vermeidung von aufwendigen Berechnungen, die gar nicht gebraucht werden),
- Parallelisierung von Prozessen,
- Anwendung von MapReduce-Vorgehen – also dem Parallelisieren bzw. Mappen auf unterschiedlichen Maschinen und dem anschließenden Kombinieren (Reduce) der Resultate,
- In-Database-Vorgehen: dabei werden die Prozeduren direkt in der Datenbank ausgeführt. Das bedeutet aber, dass die Algorithmen für die Datenbanken neu geschrieben werden müssen. Damit stehen natürlich nur ein Bruchteil der Verfahren zur Verfügung und lediglich der Aufruf der Funktionen erfolgt über R-Syntax. Dieses Vorgehen wird z. B. von den großen Datenbank- bzw. Data-Warehouse-Anbietern verfolgt (Oracle R Enterprise, Microsoft R, IBM Bluemix Dash DB).

R ist aber ohne Zweifel die wichtigste Sprache bzw. Softwareumgebung für einen Data Scientisten, deren Bedeutung in Zukunft tendenziell noch zunehmen wird. Die wichtigste Konkurrenz für R, was die Bedeutung unter Data

Kapitel **3** - Daten analysieren

Scientisten angeht, ist Python. Python ist eine allgemeinere Programmiersprache, die nicht von Statistikern für Statistiker gemacht wurde, aber sie erlaubt Zugriff auf z. B. Spark-Umgebungen, die für viele Big-Data-Projekte die Plattform der Zukunft darstellen werden. Daher ist Python, neben R, praktisch die zweite „*Lingua Franca*" für Data Scientisten und wird im folgenden Abschnitt besprochen.

3.1.3 Python

Python ist eine allgemeine, höhere Programmiersprache, die seit Anfang der 1990er Jahre entwickelt wird. Ziel war es, eine gut zu erlernende, klar strukturierte, funktionale und objektorientierte Programmiersprache zu schaffen. Python ist weitgehend plattformunabhängig und ist als Open-Source-Produkt kostenlos verfügbar.

Die Strukturierung des Quellcodes erfolgt durch Einrückungen und nicht durch Klammern, wodurch eine Übersichtlichkeit des Programmcodes gegeben ist. Es handelt sich um eine Interpreter-Sprache, sodass einerseits die Entwicklung von Programmcode schneller geht (kein Compiling notwendig), die Performance aber andererseits etwas geringer ausfällt als bei Compiler-Sprachen bzw. nur über Umwege verbessert werden kann.

Python gehört aktuell zu den beliebtesten Programmiersprachen weltweit. Je nach Art des Rankings liegt Python 2017 in der Kategorie der wichtigsten Programmiersprachen auf Rang zwei (hinter Java auf dem PYPL-Index) bzw. Rang fünf (hinter Java, C, C++ und C# im TIOBE-Index).[4]

Die Sprache kommt mit relativ wenigen Schlüsselwörtern aus und die Syntax ist vergleichsweise minimalistisch auf Übersichtlichkeit hin optimiert. Dadurch lassen sich Python-Programme oft knapper formulieren als in anderen Sprachen. Von der Idee her ist Python eine kompakte Sprache, die durch

---

[4] https://jaxenter.de/programmiersprachen-rankings-q1-2017-54308

Kapitel 3 - Daten analysieren

Bibliotheken übersichtlich, aber funktional praktisch unbegrenzt erweitert werden kann.

Und genau darin liegt ein wichtiger Grund, warum Python eine so große Bedeutung im Rahmen der Data Science einnimmt. Es sind die **Programm- und Funktionsbibliotheken**, die aus Python ein universelles Werkzeug für Data Scientisten machen. Durch die hohe Verbreitung von Python bieten auch viele der Standard-Softwarepakete eine **Schnittstelle zu Python** an. Dadurch lassen sich Python-Programme als Module in Data-Science-Plattformen einbinden. **Apache Spark** nutzt zur Steuerung und Parametrisierung neben seiner „Muttersprache" Scala noch Java und Python. Auch dadurch wird die Bedeutung von Python unterstrichen.

Python-Bibliotheken für Data Science

Es gibt allgemeine Programmbibliotheken, mit den grundlegenden mathematischen und datenmanipulierenden Verfahren. Dazu zählen vor allem:

- **NumPy**: Eine Programmbibliothek für die Handhabung von Vektoren, Matrizen oder generell großen multidimensionalen Arrays. Neben den Datenstrukturen bietet NumPy auch Funktionen für numerische Berechnungen.
- **SciPy**: Eine Python-Bibliothek mit mathematischen Werkzeugen wie Algorithmen zur numerischen Integration und Optimierung.
- **Matplotlib**: Eine Plotting Library, die die grafische Darstellung von mathematischen Funktionen erlaubt.

Neben diesen allgemeineren Bibliotheken sind zahlreiche Module speziell für die Bereiche Data-Mining bzw. Machine Learning verfügbar. Oft setzen die Module eine der grundlegenden Bibliotheken voraus. Wichtige Bibliotheken in diesem Bereich sind:

- **Scikit-learn**: Die Bibliothek umfasst unterschiedliche Klassifikations-, Regressions- und Clustering-Algorithmen. Unterstützt werden z. B. random forests, gradient boosting, k-means und DBSCAN.
- **Mlpy (Machine Learning Python)**: Umfasst unterschiedliche Machine-Learning-Algorithmen u. a. für Regression, Klassifikation, Clustering und Dimensionsreduzierung.
- **Pandas (Python Data Analysis Library)**: Die Programmbibliothek umfasst Funktionen zur Manipulation und Analyse von Daten.
- **Statsmodels**: Bietet grundlegende statistische Funktionen wie Tests, Datenexploration, Gütekriterien.
- **NetworkX**: NetworkX ist ein Softwarepaket für die Erstellung, Manipulation und Analyse komplexer Netzwerkstrukturen und Graphen.
- **PyBrain**: Eine Bibliothek, die die Erstellung von neuronalen Netzwerken unterstützt.

- **MDP 3.5**: Eine Bibliothek verbreiteter ML-Algorithmen, die als Module für Pipelines (Prozessketten) bzw. als Knoten eines Netzwerkes genutzt werden können.
- **Tensorflow**: Aus einem Google-Projekt entstandene Programmbibliothek für Graphenalgorithmen (siehe Abschnitt 3.3.7).
- **Theano**: Deep-Learning-Bibliothek für Python.
- **Caffe**: Deep-Learning-Bibliothek für Python
- **Pattern**: Eine Bibliothek, die Funktionalität in den Bereichen Web Mining, Spracherkennung, Sentiment-Analyse und Machine Learning bietet.

Neben den umfangreichen Programmbibliotheken für Python gibt es noch weitere Tools, die die Arbeit mit Python unterstützen. **IPython** bietet eine Entwicklungsumgebung zum Entwickeln und Ausführen von Python-Programmen. Es ist dokumentenorientiert. Ein IPython-Dokument wird als Notebook bezeichnet. Ein Notebook enthält Code, aber auch ergänzende Dokumentation in diversen Formaten (doc, LaTeX). Damit unterscheidet sich ein Notebook grundsätzlich etwa von einem Python-Script, das nur Code enthält. Das Python-Notebook wurde in das Projekt **Jupyter** ausgelagert.

3.1.4 Scala

Scala ist eine funktionale und objektorientierte Programmiersprache. Sie wurde 2001 an der École polytechnique fédérale de Lausanne entwickelt. Ziel der Sprache war es, eine leicht erlernbare Programmiersprache zu entwickeln. Ausgangspunkt waren Verbesserungsvorschläge vor allem gegenüber Java.

Der Name leitet sich von „scalable language", also einer skalierbaren Sprache ab, deren begrenzter Sprachkernumfang leicht um themenspezifische Ergänzungen erweitert werden kann. Von der Verbreitung her ist Scala weniger bedeutend als C++, Java oder Python.

Die Bedeutung von Scala im Rahmen der Data Science liegt darin begründet, dass Spark weitgehend in Scala programmiert wurde. Auch wenn Spark eine Schnittstelle zu Java und Python bietet, kann der direkteste Zugriff und das umfassendste Verständnis von Spark mit Scala erreicht werden. Für Data Scientisten ist Scala von geringerer Bedeutung als Python, Entwickler können mit Scala-Kenntnissen jedoch Vorteile realisieren.

3.2 Data-Science-Plattformen

Unter Data-Science-Plattformen werden Softwarepakete verstanden, die die Prozesse der Datenanalyse mit Machine Learning unterstützen. In der Regel enthalten die Plattformen Funktionen

- zur Extraktion, Aufbereitung und Manipulation von Daten aus unterschiedlichen Quellen
- und bieten eine Bibliothek an Algorithmen bzw. Funktionen für die Datenanalyse.

Es gibt sowohl kommerzielle Angebote und lizenzkostenfreie Open-Source-Produkte als auch gemischte Angebote (z. B. eine eingeschränkte, kostenlose Version und eine lizenzkostenpflichtige „Professional"-Version).

Sowohl Gartner als auch Forrester haben im Frühjahr 2017 ihre Einschätzungen zu den Plattformen veröffentlicht.

Kapitel **3** - Daten analysieren

Abbildung 5: https://www.gartner.com/doc/reprints?id=1-3TKPVG1&ct=170215&st=sb

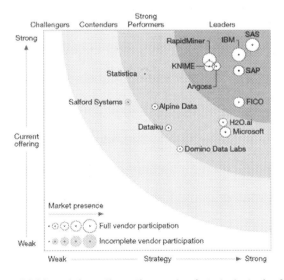

Abbildung 6: https://www.ibm.com/analytics/us/en/technology/data-science/forrester-wave.html

Im Folgenden werden wichtige Data-Science-Plattformen vorgestellt.

43

Kapitel 3 - Daten analysieren

3.2.1 Angoss

Die Angoss Software Cooperation ist ein 1984 in Ontario, Kanada gegründetes Software-Unternehmen. Mit dem Angoss KnowledgeSEEKER bietet sie eine Data-Science-Plattform an, die eine grafische Oberfläche für die Modellbildung und Funktionen zur Datenintegration, -visualisierung und -manipulation enthält. Über Schnittstellen können auch u. a. SAS, SPSS und R integriert werden.

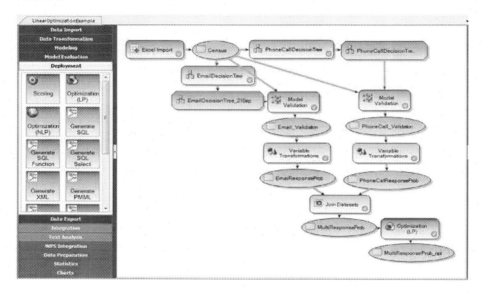

Die Stärken von Angoss KnowledgeSEEKER liegen vor allem im Bereich von Entscheidungs- und Strategiebäumen.

3.2.2 Dataiku

Dataiku wurde 2013 in Paris gegründet und hat seinen Hauptsitz mittlerweile in New York. Das Hauptprodukt ist das Dataiku Data Science Studio (DSS), das in einer kostenlosen Ausführung und einer erweiterten, kommerziellen Ausgabe (inkl. Multi-User-Zusammenarbeit und Realtime Scoring) angeboten wird. Das DSS bietet eine flexible und offene Plattform und unterstützt:

Kapitel 3 - Daten analysieren

- Proprietäre Dataiku-Verfahren
- Machine-Learning-Bibliotheken (z. B. H$_2$O.ai, MLlib)
- Sprach-Plugins (R, Python, Scala)
- Spark

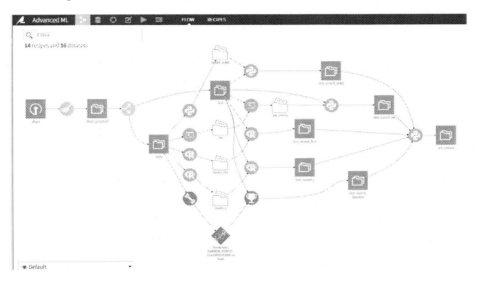

Aufgrund seiner Offenheit und Flexibilität hat es Dataiku DSS sehr schnell geschafft, eine große Aufmerksamkeit und Anhängerschaft bei Data Scientisten zu finden.

Neben Lob für Benutzerfreundlichkeit und leichte Erlernbarkeit wurde allerdings auch Kritik bezüglich des geringen funktionalen Umfangs im Bereich Daten-Access und Datenaufbereitung geäußert. Außerdem sind die für sehr junge Unternehmen üblichen Probleme (wenige Partnerschaften mit System-Integratoren, Supportmängel, „Wachstumsschmerzen") zu erwarten.

3.2.3 Domino Data Lab

Domino Data Lab ist ein sehr ähnlicher Anbieter wie Dataiku. Es handelt sich ebenfalls um ein sehr junges Unternehmen (Gründung 2013 in San Francisco),

Kapitel 3 - Daten analysieren

das eine offene Data-Science-Plattform anbietet und es sehr schnell in den Gartner-Quadranten der Visionäre gebracht hat (siehe die Einleitung zu diesem Kapitel). Die Plattform ermöglicht eine Einbindung von Open-Source-Ressourcen, sowohl von Bibliotheken als auch von Sprachen (H$_2$O, R, Python, PySpark etc.)

Schwächen werden im Bereich Benutzerfreundlichkeit und Erlernbarkeit gesehen. Ebenso sind die Funktionalitäten im Bereich Datenzugriff und -aufbereitung begrenzt.

3.2.4 IBM

IBM wird als der führende Anbieter von Data-Science-Plattformen gesehen. Das Produktportfolio umfasst dabei neben BI-Anwendungen von Cognos vor allem die folgenden Data-Science-Plattformen bzw. analytischen Anwendungen:

- IBM SPSS Statistics
- IBM SPSS Modeler

Kapitel 3 - Daten analysieren

- IBM Data Science Experience (DSX)
- IBM Watson

IBM SPSS Statistics ist das Urgestein der Analytics-Anwendungen und existiert seit 1968. Das „Look and Feel" erinnert auf den ersten Blick an Excel. Ausgangspunkt ist eine Datentabelle mit den zu analysierenden Daten, auf die die Verfahren angewendet werden können. Der Umfang der enthaltenen Verfahren ist groß, wobei diese in unterschiedlichen Bundles angeboten werden. Der Ursprung der Anwendung stammt aus der sozialwissenschaftlichen Forschung, bei der Daten aus Befragungen ausgewertet wurden. Mittlerweile wird das Produkt jedoch auch im unternehmerischen Umfeld eingesetzt. SPSS läuft als Einzelplatzversion auf unterschiedlichen Betriebssystemen und bietet auch eine Client-Server-Version, die für größere Datenmengen geeignet ist und die Performance erhöht. Der Datenanalyse-Prozess kann über Menüsteuerung oder über eine Scripting-Sprache gesteuert werden. Eine Schnittstelle zur R existiert.

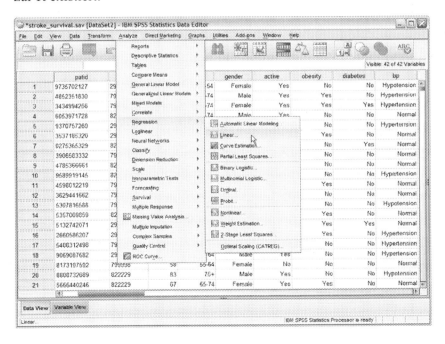

Kapitel 3 - Daten analysieren

IBM SPSS Modeler (früher SPSS Clementine) ist eine Data-Science-Plattform, mit der der gesamte analytische Prozess in einer grafischen Benutzeroberfläche gesteuert werden kann. Die Oberfläche bzw. Herangehensweise kann als Vorbild für ähnliche Plattformen (z. B. KNIME, Rapid Miner) gesehen werden.

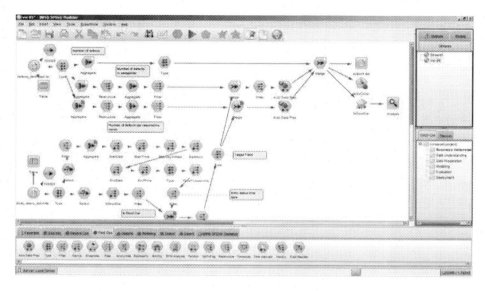

Als Datenquellen können unterschiedliche Quellen (Relationale DB, Hadoop, NoSQL, Flatfiles) angebunden werden. Die Funktionen im Bereich Datenaufbereitung und -qualität sind sehr umfangreich. Die enthaltenen analytischen Verfahren sind ein Ausschnitt aus den SPSS-Statistics-Funktionalitäten, ergänzt um neuronale Netze und bestimmte Entscheidungsbäume.

IBM Data Science Experience (DSX) ist ein Projekt, dessen erste Produktversion 2016 veröffentlicht wurde. Es kann als IBMs Antwort auf die Herausforderung der Open-Source-Aktivitäten rund um Hadoop und Spark gesehen werden. Es ist eine offene Plattform, die im Freemium-Modell (Teile sind lizenzkostenfrei, Teile sind mit Lizenkosten behaftet) angeboten wird. Sie bietet eine Umgebung, die es Data Scientisten ermöglicht, unterschiedliche Tools aus Open-Source-Paketen und proprietären Lösungen einzusetzen und unterstützt die Zusammenarbeit bei Analyseprojekte. Ziel ist es, als zentrale Drehscheibe für alle Arten von Data-Science-Werkzeugen zu dienen und den Workflow der Projekte zu unterstützen.

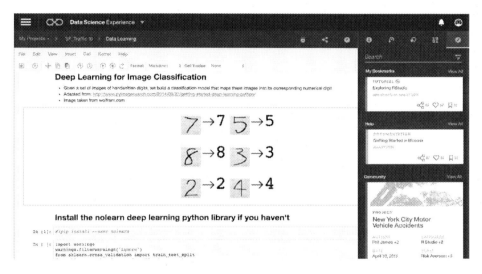

IBM Watson ist ein Oberbegriff für das Angebot im Bereich des kognitiven Computings. Bekanntheit erlangte IBM Watson 2011 durch die erfolgreiche Teilnahme am Quiz Jeopardy, als Watson in der Lage war, Fragen in natürlicher Sprache zu verstehen und die richtige Antwort zu finden. Das Angebot umfasst heute Dienstleistungen, die im Paket mit der Leistung des Watson-Rechenzentrums angeboten werden. Für den Anwender stellt Watson eine Black Box dar, die Ergebnisse liefert, aber wenig bis keine Einfluss- und Einsichtnahme in die zugrundeliegenden Verfahren liefert. Es kann daher nicht als Data-Science-Plattform gesehen werden, sondern ist eher eine KI-Cloud-Lösung.

Kapitel 3 - Daten analysieren

Andererseits wird mit Watson Analytics ein Softwarepaket bzw. ein softwaregestützter Service angeboten. Watson Analytics ist ein Service für intelligente Datenanalyse und -visualisierung, mit dem Muster und Erkenntnisse in Daten gefunden werden sollen. Zielgruppe ist dabei nicht der „Power Data Scientist", sondern der versierte Business User. Der Service führt durch die Datenermittlung, automatisiert Vorhersageanalysen und bietet kognitive Funktionen, z. B. für einen Dialog in natürlicher Sprache.

Das Gesamtangebot von IBM ist umfangreich, wobei die Zielgruppen und Anwendungsfälle unterschiedlich sind. Marktanalysten, die IBM als Lieferant von Data-Science-Plattformen betrachten, richten also ihr Augenmerk vor allem auf SPSS und zukünftig verstärkt auf DSX. Gartner und Forrester schätzen IBM als „Leader" ein. Als positiv wird die Marktstärke und die hohe Kundenzahl von IBM gesehen. Außerdem steht mit DSX eine vielversprechende Plattform in den „Startlöchern". Damit beweist IBM ein starkes Engagement gegenüber der Open-Source-Community.

SPSS wird für seinen Funktionsumfang, die große Erweiterbarkeit, die umfangreichen Anbindungsmöglichkeiten an Datenquellen und seine Fähigkeiten im Bereich Modell-Management gelobt.

Als negativ wird bei IBM die Bürokratie bemängelt. Außerdem werden die Marktkommunikation, die Namen der Produkte und die unterschiedlichen Angebote als verwirrend und nicht immer schlüssig wahrgenommen. Durch das neue DSX-Angebot ist möglicherweise eine Kannibalisierung der „altmodisch" anmutenden SPSS-Produkte zu erwarten.

3.2.5 KNIME

KNIME, der „Konstanz Information Miner", ist eine Open-Source-Software-Plattform für die Analyse von Daten. KNIME ermöglicht durch ein modulares Konzept die Integration zahlreicher Verfahren des maschinellen Lernens und

Kapitel 3 - Daten analysieren

des Data-Mining. Die grafische Benutzeroberfläche ermöglicht das einfache und schnelle Aneinandersetzen von Modulen für die Datenvorverarbeitung (ETL: Extraction, Transformation, Loading), der Modellierung, Analyse und Visualisierung.

KNIME wurde 2004 von einer Gruppe von Softwareentwicklern aus dem Silicon Valley unter der Leitung von Prof. Dr. Michael Berthold an der Universität Konstanz konzipiert und entwickelt. Mitte 2006 erschien die erste öffentliche Version. Seit Juni 2008 bietet die in Zürich ansässige Firma KNIME.com GmbH Support-Leistungen für das Open-Source-Produkt, lizenzpflichtige Erweiterungen und Beratungsdienstleistungen an.

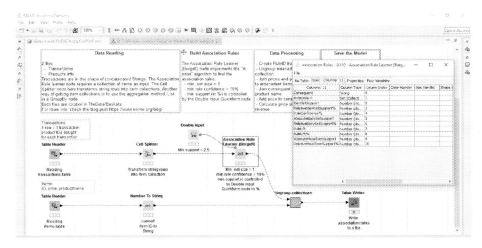

Die KNIME-Plattform wird in unterschiedlichen Branchen genutzt, die stärkste Verbreitung ist aber in den Bereichen der Fertigungs- und Pharmaindustrie auszumachen.

Die Stärken der Plattform liegen in ihrer Beliebtheit in der Data-Scientist-User-Community. Als Open-Source-Software sind die Eintrittsbarrieren niedriger, was zur Verbreitung der Software beigetragen hat. Die grafische Benutzeroberfläche unterstützt den kompletten Analyseprozess. Dieser wird als Workflow aus einzelnen „Knoten" dargestellt. Die Knoten stellen dabei die

Kapitel 3 - Daten analysieren

einzelnen Analyseverfahren dar, die in der internen Bibliothek bereitgestellt werden und durch zahlreiche „Extensions" ergänzt werden können.

In den entsprechenden Foren werden sowohl komplette Workflows als auch Extensions für Verfahren und Schnittstellen bereitgestellt. Gelobt werden vor allem die Flexibilität, die Offenheit und die Erweiterbarkeit der Plattform.

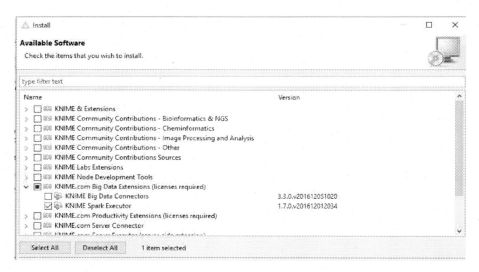

Die Fähigkeiten im Bereich Datenzugriff und -transformation (Datenqualitätsprüfung, Glättung, Partitionierung etc.) sind von Haus aus sehr umfangreich. Extensions existieren von kommerziellen Anbietern, Knoten für die Einbindung von SQL-, R-, Python- oder Matlab-Code sind verfügbar.

Außerdem existieren Knoten, die den Zugriff auf die MLlib-Bibliothek unter Sparks zulässt. Dadurch können im KNIME-Workflow MLlib-Verfahren modelliert werden, die dann in der Spark-Umgebung ausgeführt werden.

Kapitel 3 - Daten analysieren

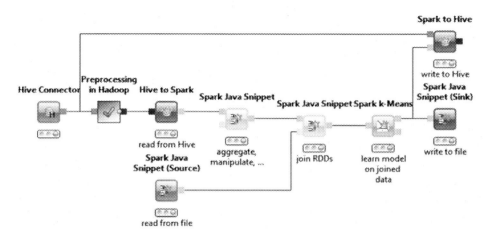

Abbildung 7: https://www.knime.org/blog/to-code-or-not-to-code-is-that-the-question

Schwachpunkte von KNIME werden in den Bereichen Modell-Management und Skalierbarkeit gesehen. Insbesondere bei Zusammenarbeiten größerer Teams ist die Nutzung, Verwaltung und Dokumentation der Modelle auf der KNIME-Plattform mit Problemen behaftet. Außerdem wird bei großen Workflows von Performance-Problemen berichtet. Auch die Bereiche der Datenexploration und -visualisierung werden nicht als die Stärken von KNIME angesehen.

3.2.6 MathWorks – Matlab

Matlab ist eine kommerzielle Software des US-amerikanischen Unternehmens MathWorks zur Lösung mathematischer Probleme und zur grafischen Darstellung der Ergebnisse. Matlab ist vor allem für numerische Berechnungen mithilfe von Matrizen ausgelegt und verfügt über eigene Programmier- und Scriptsprachen. Die Verbreitung in „ingenieurnahen" Kreisen ist sehr groß und die Software wird vor allem in den Bereichen Simulation, Datenanalyse, mathematische Lösungsalgorithmen und Prototyping eingesetzt. Die Anzahl der vorhanden Data-Science-Methoden ist begrenzt, da der Schwerpunkt eher auf den oben genannten Bereichen liegt. Die Relevanz von Matlab im Data-

Science-Bereich ergibt sich also hauptsächlich aus der großen Verbreitung und Bekanntheit des Produktes und der Programmiersprache aus dem Ingenieurbereich heraus sowie dem großen Methodenschatz an Simulations-, Signalverarbeitungs-, Kontroll- und Machine-Learning-Optimierungsverfahren.

3.2.7 Microsoft R

Microsoft bietet grundsätzlich zwei Angebote im Bereich Data Science an: Einerseits die ausschließlich cloudbasierte Cortana Intelligence Suite (siehe Abschnitt 3.4.2) und andererseits die Microsoft R-Produktreihe, die 2015 aus der Akquisition von Revolution Analytics hervorgegangen ist. Das R-Produktangebot von Microsoft umfasst drei Produkte:

- **Microsoft R Open (MRO):** Eine Distribution von Microsoft für die Open-Source-R-Komponenten. Die Skalierbarkeit ist also vom Hauptspeicher der Analyseplattform abhängig.
- **Microsoft R Client (MRC):** Eine kostenlos erhältliche Software, die die Open-Source-Komponenten von R um Microsofts eigene Komponenten erweitert. Geeignet für Workstations.
- **Microsoft R Server (MRS):** Eine lizenzkostenpflichtige Software für unterschiedliche Plattformen (Hadoop, Teradata, Linux, Windows, SQL-Server), die ebenso Open-Source-Komponenten von R um microsofteigene Komponenten erweitert. Die Verarbeitung erfolgt parallelisiert auf verteilten Workloads. Es ist eine Komponente enthalten, die generierte Modelle als Web Services mit geringem Coding-Aufwand operationalisiert.

Die proprietären R-Komponenten von Microsoft, die im MRC und MRS enthalten sind, werden ScaleR (RevoScaleR) genannt und umfassen Ergänzungen für R in den Bereichen Datenzugriff, Datentransformation, Visualisierung und Modellbildung.

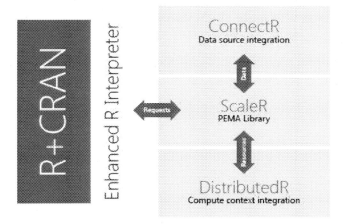

Microsoft investiert viel in den Ausbau des Data-Science-Produktportfolios und öffnet sich mit seinem Angebot der Open-Source-Bewegung. Der Umfang der proprietären ScaleR-Komponenten ist natürlich nicht mit den Erweiterungsbibliotheken von R zu vergleichen. Die vorhandenen Algorithmen sind aber in ihrer Performance oft den R-nativen Funktionen überlegen.

3.2.8 Quest – Statistica

Statistica ist eine Software für statistische und grafische Datenanalyse, die seit Mitte der 80er Jahre von StatSoft entwickelt wird. Sie gehört damit zu den klassischen Statistik-Softwareprodukten mit langer Tradition. Es bedarf schon etwas Spürsinns, um zu verstehen, wer aktuell der Eigentümer der Software ist. StatSoft wurde 2014 von Dell aufgekauft. Schon 2012 hatte Dell die Softwarefirma Quest übernommen und die Softwareaktivitäten im Bereich Dell Software zusammengefasst. 2016 erfolgte der Verkauf von Dell Software an eine Investorengruppe, die den Bereich als Quest Software wiederbelebte. Statistica gehört daher derzeit zu Quest.

Kapitel 3 - Daten analysieren

Statistica ist eine Data-Science-Plattform für Windows, die neben ETL, Datenvisualisierung und -aufbereitung auch zahlreiche statistische und analytische Verfahren enthält. Eine grafische Oberfläche unterstützt den Data-Science-Prozess.

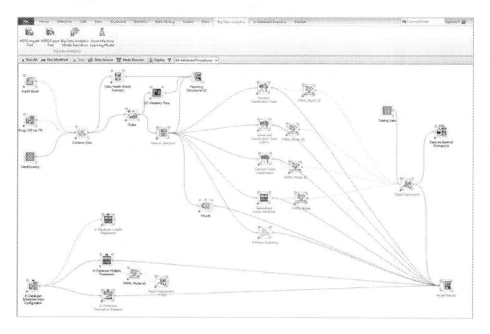

Die Plattform ist flexibel und erweiterbar z. B. durch Schnittstellen zu R, Python und zu ML-Bibliotheken wie H_2O. Ihre Fähigkeiten im Bereich Modell-Management und Deployment von Modellen werden gelobt.

Als kritisch werden z. T. die Erlernbarkeit, die Performance und die mangelnde Unterstützung von Spark gesehen. Durch den mehrmaligen Managementwechsel in den letzten Jahren und die damit hervorgerufene Unsicherheit bezüglich der Weiterentwicklung des Produktes wurde Statistica deswegen von Gartner vom „Leader" zum „Challenger" herabgestuft.

Kapitel 3 - Daten analysieren

3.2.9 RapidMiner

RapidMiner ist eine Data-Science-Software-Plattform, die von einem Unternehmen mit gleichem Namen entwickelt, vertrieben und supported wird. Der Programmcode ist quelloffen, es gibt eine im Datenumfang beschränkte kostenlose Version (Basic Edition) und Versionen mit Support ohne Datenlimits für den kommerziellen Einsatz.

Das Vorgängerprodukt von RapidMiner mit dem Namen YALE wurde 2001 am Lehrstuhl für künstliche Intelligenz der Technischen Universität Dortmund entwickelt. Mittlerweile hat das Unternehmen RapidMiner seinen Sitz in Boston.

Als Produkte werden das RapidMiner Studio (Einzelplatzversion) und der RapidMiner Server (Server Version) angeboten. RapidMiner unterstützt alle Schritte des Datenanalyse-Prozesses mit mehr als 1.500 Operatoren.

Kapitel 3 - Daten analysieren

 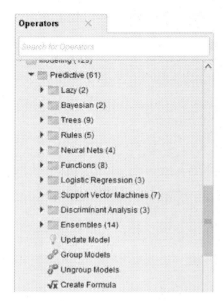

Der RapidMiner verfügt über eine grafische Oberfläche, die den Datenanalyse-Prozess unterstützt und eine Programmierung nicht notwendig macht. Programmierer und fortgeschrittene User können aber eine Scripting-Sprache verwenden.

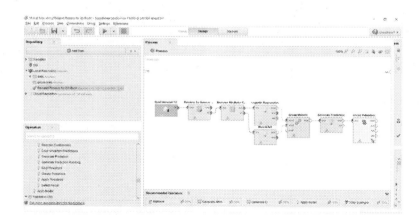

Die Stärken des RapidMiners liegen

- in der Größe der User-Community,
- im Umfang der Plattform (sowohl, was die Anzahl der enthaltenen Verfahren bzw. Modelle betrifft, als auch die Unterstützung der vorbereitenden Aufgaben im Analyseprozess, wie Datenaufbereitung, Qualitätsprüfungen etc.),
- in der vergleichsweise leichten Erlernbarkeit,
- in der guten Einbindung von Datenquellen (Cloud und On-Premises),
- in der Einbindung von Open-Source-Ressourcen und Programmiersprachen wie R, Python oder Weka.

Über eine Ergänzung (RapidMiner Radoop) ist es möglich, die im RapidMiner kreierten Workflows in einen in Hadoop-Umgebung lauffähigen Code zu übersetzen. Dabei werden Hive-Operatoren und Spark-MLlib-Algorithmen genutzt.

Kritisch angemerkt wird, dass es einige Schwächen im Bereich der Dokumentation gibt und dort nur wenige Beispiele gezeigt werden. Im Gegensatz zur großen User-Community ist das Unternehmen RapidMiner relativ klein, mit geringer Marktpräsenz (nur ein Büro in den USA und drei in Europa), was die Supportfähigkeit für globale Unternehmen begrenzt.

3.2.10 SAP

SAP gehört laut Gartner im Bereich Data-Science-Plattformen nicht zu den Leadern, Forester sieht das Unternehmen dagegen im führenden Bereich (siehe Beginn des Abschnitts 3.2). SAP ist kein klassischer Data-Science-Plattformanbieter, sondern hatte sich mit der Akquisition von Business Objects vor allem im Bereich Business Intelligence verstärkt. Mit KXEN wurde 2013 jedoch ein Hersteller einer analytischen Plattform übernommen.

Die vorhandene Data-Science-Plattform wird nun als SAP Business Objects Predictive Analytics (BOPA) vermarktet. Aufgrund seiner führenden Stellung

Kapitel 3 - Daten analysieren

im Bereich ERP-Systeme und darauf aufbauender BI-Applikationen ist für viele Enterprise-Kunden SAP der „natürliche" Ausgangspunkt der analytischen Aktivitäten. Die meisten Data Scientists sind aber mit der proprietären Technologie nicht vertraut – darin kann ein Grund für die unterschiedliche Einschätzung der Bedeutung von SAP als Hersteller für Data-Science-Plattformen liegen.

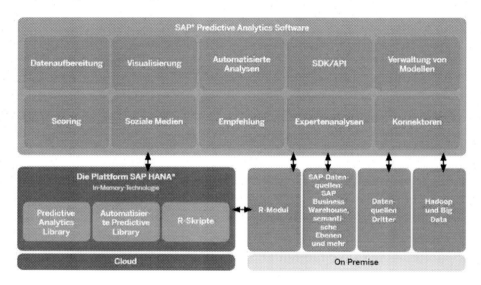

SAP hinkt in den Bereichen Spark-Integration, Open-Source-Support, Python-Integration und Cloud Deployment anderen Data-Science-Plattformen hinterher. Die Kundenzufriedenheit mit BOPA ist im Vergleich zu den anderen Herstellern im unteren Bereich angesiedelt.

Als Stärken werden die Integration mit der SAP In-Memory-Datenbank SAP Hana genannt. Auch die Möglichkeit, über Assistenten automatisiert Modelle zu erstellen, wird positiv gesehen. Das Thema Machine Learning und Data Science wird auf SAPs Managementebene als Priorität gesehen, sodass weitere Entwicklungen, Partnerschaften und Akquisitionen in diesem Bereich zu erwarten sind.

3.2.11 SAS Institute

SAS ist die „Mutter", wenn nicht sogar die Großmutter, aller Data-Science-Plattformen. Erste Entwicklungen erfolgten 1966 an der North Carolina State University und mündeten 1976 in der Gründung des SAS Institute durch Anthony Barr und James Goodnight. Auf den Umsatz bezogen ist SAS klarer Marktführer im Bereich analytischer Data-Science-Plattformen.

SAS bietet über 200 Softwareprodukte bzw. -komponenten an. Kernbereich ist die SAS Software Suite, die um zahlreiche branchen- und funktionsbezogene Module bzw. eigenständige Produkte ergänzt wird.

Als Data-Science-Plattform können der SAS Enterprise Miner und die Visual-Analytics-Produktreihe genannt werden. Der Enterprise Miner ist das ursprüngliche Produkt, das neben einer grafischen Benutzeroberfläche auch über eine eigene, befehlsorientierte Sprache verfügt, die lange Zeit (vor dem Aufkommen von R) als der Data-Mining-Standard galt. Dennoch ist die Nutzeranzahl mit SAS-Kenntnissen noch sehr groß.

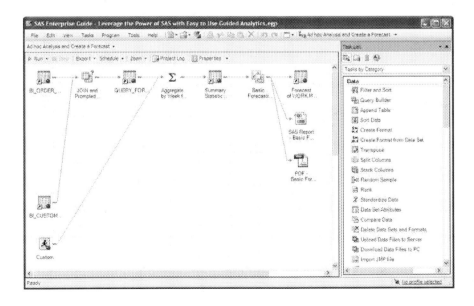

Kapitel **3** - Daten analysieren

Die Visual-Analytics-Produkte unterstützen eine eher interaktive, visuelle Modellerstellung und sind architektonisch auf einer moderneren Basis angesiedelt.

Die Stärken von SAS liegen ganz klar im Funktionsumfang und dem Mind Share der Produkte, der auf der langen Geschichte des SAS Institute basiert. Die Fähigkeiten des Produkts, nicht nur in der eigentlichen Modellerstellung, sondern auch in den vorbereitenden Aufgaben (Datenextraktion, -bereinigung, -qualitätssicherung, -aufbereitung etc.), setzen den Branchen-Standard. Mit SAS Viya und der Unterstützung von Hadoop öffnet sich SAS den aktuellen Herausforderungen aus Cloud- und verteilten Open-Source-Architekturen.

Kritisch werden häufig die Lizenzkosten (v. a. in Hinblick auf die aufkommende Open-Source-Konkurrenz) und die anspruchsvolle Systemverwaltung und -pflege gesehen. Auch sind die Nutzer (und manchmal auch die eigene Vertriebsmannschaft) von der schieren Menge an sich teils funktional überlappenden Produkten schlicht überfordert.

3.2.12 Weka

Weka (Waikato Environment for Knowledge Analysis) ist eine Software für maschinelles Lernen und Data-Mining. Sie wurde an der University of Waikato entwickelt und ist unter der GNU General Public License frei verfügbar.

Die Software ist Bestandteil eines englischsprachigen Standardwerkes zum Thema maschinelles Lernen.[5]

---

[5] Witten, I et al.

Kapitel 3 - Daten analysieren

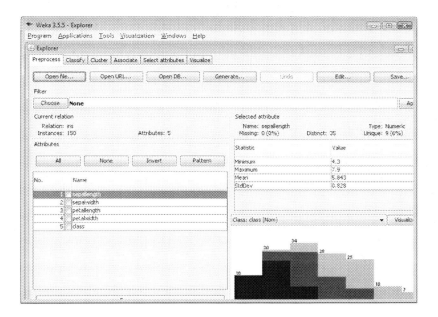

Weka ist bekannt für seine Vielzahl an Klassifikatoren wie Bayes-Klassifikatoren, künstliche neuronale Netze, Support-Vector-Maschinen, Entscheidungsbäume, ID3-, C4.5-, aber auch Meta-Klassifikatoren, Boosting und Ensembles. In anderen Data-Mining-Bereichen wie der Clusteranalyse werden nur die grundlegendsten Verfahren wie der k-Means-Algorithmus und der EM-Algorithmus angeboten. Die Weka-Bibliothek kann teilweise von anderen Programmpaketen (z. B. Rapid Miner) eingebunden werden.

Im wissenschaftlichen Bereich verfügt Weka über eine gewisse Beliebtheit, während es als Data-Science-Plattform im Enterprise-Bereich nur eine untergeordnete Rolle spielt.

Kapitel 3 - Daten analysieren

3.3 Machine-Learning-Bibliotheken

Bei den Machine-Learning-Bibliotheken handelt es sich nicht um komplette Data-Science-Plattformen, sondern um Sammlungen von Algorithmen die Machine-Learning Funktionalitäten bereitstellen.

3.3.1 Apache Mahout

Mahout ist eines der zahlreichen Apache Open-Source-Projekte aus dem Hadoop Ecosystem, mit dem Ziel, eine Machine Learning Library für die Hadoop-Plattformen bereitzustellen. Es ist die älteste ML-Bibliothek für Hadoop und baut (ursprünglich) auf der MapReduce-Komponente auf.

Die Algorithmen stammen aus den Bereichen:

- Clustering
- Kollaboratives Filtern
- Klassifikation
- Assoziationsanalysen

Mittlerweile werden die auf MapReduce basierenden Algorithmen nicht mehr weiterentwickelt, stattdessen wird auf einen plattformunabhängigeren Ansatz gesetzt. Es werden nun Spark, H_2O.ai und Flink als ausführende Komponenten unterstützt.[6]

3.3.2 Spark MLlib

MLlib ist eine Komponente des Spark-Systems und stellt eine Funktionsbibliothek dar, die Machine-Learning-Algorithmen für verteilte Spark-Systeme verfügbar macht. Es kann auf alle Hadoop-Datenquellen – wie HDFS, HBase und lokale Files – zugegriffen werden.

---

[6] Vgl.: https://mahout.apache.org/users/basics/algorithms.html

Kapitel **3** - Daten analysieren

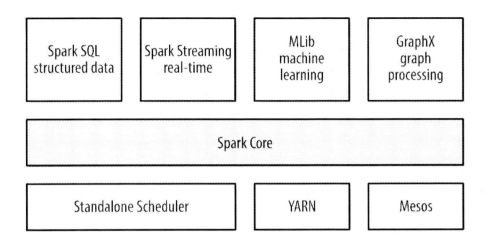

Die Bibliothek umfasst Algorithmen der folgenden Bereiche:

- **Klassifikation**: Logistische Regression, naive Bayes
- **Prognose**: Lineare Regression, Survival Regression
- **Entscheidungsbäume**: Random Forests, gradient-boosted trees
- **Empfehlungen**: Alternating Least Squares (ALS)
- **Segmentierung / Clustering**: K-means, Gaussian mixtures (GMMs)
- **Abhängigkeitsanalyse**: Assoziationsanalysen, Frequent Itemsets, Sequential Pattern Mining

Die Funktionen sind auf Geschwindigkeit hin optimiert, insbesondere bei iterativen Algorithmen. Im Vergleich zu Funktionen, die auf MapReduce basieren, wird ein etwa hundertfacher Performancegewinn proklamiert.

Ursprünglich basierten die API der Bibliothek auf **RDD** (Resilient Distributed Dataset). Dabei handelt es sich um ein Datenabstraktionskonzept, das einen nach logischen Kriterien gebildeten (Teil-)Bestand von Daten zusammenstellt, der über mehrere Rechner verteilt sein kann.

Die Weiterentwicklung in Spark ist das Konzept des **Data Frame**, der die Daten in temporären Tabellen mit benutzerdefinierten Tabellennamen registriert. Diese können dann quasi wie Tabellen in relationalen Datenbanken per SQL bearbeitet werden. Funktionen der MLlib, die auf Data Frames basieren, sind i. d. R. noch performanter.

Derzeit zielt die Entwicklung der MLlib-Algorithmen darauf ab, die Verfahren auf das Data-Frame-Konzept zu bringen. Sobald ein „Gleichstand" an Funktionalität mit den Funktionen auf RDD-Basis besteht, soll die Weiterentwicklung nur noch auf Basis des Data-Frame-Konzeptes erfolgen.

Im Sprachgebrauch wird der Unterschied zwischen den auf den zwei Datenkonzepten basierenden Bibliotheken dadurch verdeutlicht, dass die RDD-Bibliothek als MLlib bezeichnet wird, während die auf Data Frame basierenden Algorithmen Spark ML heißen – keine offizielle Sprachregel, aber zum Verständnis der Unterschiede evtl. hilfreich.

Der Umfang der Bibliothek, die Qualität der Dokumentation und einzelner Verfahren wird vielfach noch kritisch gesehen, dennoch stellt die MLlib auf Grund ihrer Performance die Referenz für ML-Verfahren auf Spark dar.

3.3.3 SparkR (R on Spark)

SparkR ist ein R-Paket, das die Nutzung von Spark von einem R-Frontend aus ermöglicht. Es umfasst zwei Funktionalitäten:

- datenbezogene Operationen – ähnlich den R Data Frames – wie „Selection", „Filtering" oder „Aggregation" werden auch auf große Datenbestände bezogen möglich und sind nicht auf die Daten innerhalb des R-Servers begrenzt,
- als Funktionsbibliothek wird die MLlib unterstützt.

SparkR ermöglicht also die Bildung von **Spark Data Frames**. Dabei handelt es sich um eine verteilte Datensammlung, die in Zeilen und Spalten organisiert ist und damit einem Table in einer relationalen Datenbank entspricht. Spark-Data Frames können aus strukturierten Data Files, Tabellen, Hive-Tabellen, externen Datenbanken und lokalen R Data Frames gebildet werden. Als Verfahren stehen nicht die kompletten R-Funktionen aus den entsprechenden Packages zur Verfügung, sondern lediglich die Verfahren aus der MLlib. SparkR ist also nichts anderes als eine R-Schnittstelle für MLlib, die eine Alternative zum Zugriff über Scala, Python oder Java darstellt.

3.3.4 H_2O.ai

H_2O.ai ist ein 2011 in Mountain View, Kalifornien gegründetes Unternehmen, das Open-Source-Software für Big-Data-Analysen entwickelt. H_2O bietet Algorithmen aus den Bereichen Statistik, Data-Mining und maschinelles Lernen mit dem Ziel, analytische Algorithmen und Modell performant auf dem Hadoop Distributed File System auszuführen. Sowohl Gartner als auch Forrester bewerten H_2O als Visionär bzw. Strong Performer positiv.

Die wichtigsten Produkte sind:

- H_2O (die eigentliche ML-Bibliothek)
- H_2O Flow (Web-Interface im „Notebook-Style")
- Steam (Plattform, die den gesamten Analyseprozess unterstützt)
- Sparkling Water (H_2O auf Spark)
- Deep Water (Deep-Learning-Verfahren).

Schnittstellen zu R, Python, Java, Scala, Excel u. a. existieren. Die Software wird kostenlos vertrieben; das Geschäftsmodell besteht, wie im Hadoop Ecosystem üblich, in der Entwicklung von individuellen Anpassungen und im Support der Produkte.

Kapitel 3 - Daten analysieren

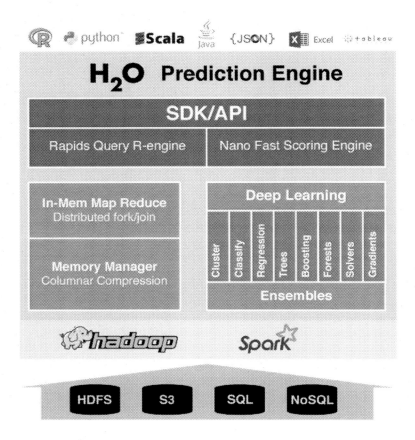

Als Datenquellen sind, neben HDFS, Amazon Cloud-Datenbanken (S3), SQL- und NoSQL-Datenbanken.

Im Gegensatz zum Apache Open-Source-Projekt Spark MLlib ist H_2O eine von einem Unternehmen entwickelte Plattform, auch als Open Source konzipiert, aber eben in „Regie" eines kommerziellen Unternehmens. Es besteht der Anspruch, dass die Algorithmen eine höhere Performance als die der MLlib bieten.

Positiv werden bei H_2O folgende Punkte eingeschätzt:

- Obwohl es ein kleines Unternehmen ist, verfügt es über eine relativ große Bekanntheit und Beliebtheit in der Data Science Community. Partnerschaften mit IBM und Intel, die die Verfahrens-Bibliothek in eigene Angebote integrieren, zeugen davon, dass H_2O.ai als „Shooting Star" gesehen wird.
- Die Kundenzufriedenheit ist sehr hoch. Die Tatsache, dass die Open-Source-Produkte keine Lizenzkosten erzeugen, begünstigt diese Einschätzung. Darüber hinaus wird die Genauigkeit der Modelle und die leichte Produktivsetzung der Modelle via Java API gelobt.
- Die Flexibilität und Skalierbarkeit der Lösungen ist sehr hoch, Open-Source-Komponenten werden umfangreich unterstützt und die Geschwindigkeit der Modellbildung werden positiv bewertet.

Kritisch wird gesehen, dass es im Vergleich zu anderen Plattformen Schwächen in den Bereichen der Anzahl der Schnittstellen zu Datenquellen und der Unterstützung der Datenaufbereitung gibt. Außerdem werden nur wenige Visualisierungs- und Datenexplorations-Verfahren angeboten. Die Dokumentation und die Unterstützung beim Lernen des Umgangs mit dem Produkt ist begrenzt und schränkt die Nutzerbasis damit auf geübte Data Scientsten, die idealerweise über Programmiererfahrung verfügen, ein.

Die H_2O.ai-Produkte sind sehr weit verbreitet, aber es gibt noch vergleichsweise wenige, zahlende Enterprise-Kunden. H_2O.ai muss also erst noch beweisen, dass mit dem Open-Source-Geschäftsmodell der erstaunliche Produkterfolg auch in einen stabilen ökonomischen Erfolg übertragen werden kann.

3.3.5 Fuzzy Logix

Fuzzy Logix ist ein kleiner amerikanischer Softwarehersteller, der 2006 in Charlotte, North Carolina gegründet wurde. Wegen seiner geringen Größe fällt Fuzzy Logix durch das Raster der meisten Analysten und taucht nicht in

Kapitel 3 - Daten analysieren

deren Markteinschätzungen auf. Das Unternehmen verfolgt aber einen Ansatz, der ein gewisses Alleinstellungsmerkmal darstellt. Der Autor dieses Buches arbeitet für Fuzzy Logix und ist daher bei der Beurteilung der Produkte „befangen", worauf der Ordnung halber hingewiesen werden soll.

Fuzzy Logix bietet mit seinem Produkt DB Lytix eine Bibliothek an, die über 600 Verfahren beinhaltet, die auf den unterstützten Plattformen In-Database ausgeführt werden. Damit entfällt die Notwendigkeit, die zu analysierenden Daten aus der Datenquelle heraus in eine separate Analyseplattform zu exportieren. Die Verfahren werden als User Defined Functions (UDFs) bereitgestellt und innerhalb von SQL-Statements aufgerufen.

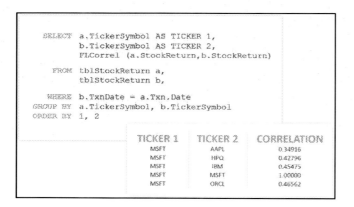

Bei der Ausführung der Verfahren können die mächtigen Mechanismen der Data-Warehouse-Plattformen (z. B. Parallelisierungen) genutzt werden. Insgesamt kann so ein zehn- bis hundertfacher Performancegewinn erreicht werden. Skalierungen der Datensatz- und Variablenanzahl sind praktisch unbegrenzt möglich. Außerdem sind datenschutzrechtliche Belange unkritischer, da Daten nicht aus einer Quelle in eine Analyse-Plattform übertragen werden müssen.

Kapitel 3 - Daten analysieren

CONVENTIONAL v. IN-DATABASE ANALYTICS

Unterstützt werden u. a. folgende Plattformen:

- Teradata
- IBM Netezza
- Hadoop (die Verfahren als UDFs unter Hive)
- Oracle und Microsoft DB

Über einen R-Connector (der R-Code in die entsprechenden SQL-Statements übersetzt) können die Verfahren aus R heraus aufgerufen werden.

Zukünftig sollen Teile der Verfahren auch auf GPU-basierten (Grafikprozessor) Datenbanksystemen zur Verfügung gestellt werden. Dazu wurde eine Kooperation mit Kinetica eingegangen. Auf GPUs, mit ihrer hohen Anzahl an Prozessorkernen, ist es möglich, rechenintensive analytische Prozesse noch weiter zu parallelisieren. Damit können, im Vergleich zu CPU-basierten Systemen, weitere Performancegewinne im Faktor 100 bis 500 realisiert werden.

3.3.6 MXNet

MXNet ist eine Open-Source-Bibliothek, die Deep-Learning-Modelle, wie neuronale Netzwerke mit Faltungscodierung (Convolutional Neural Networks – CNNs) und Lang- oder Kurzzeitgedächtnisnetzwerke (Long Short-Term Memory Networks – LSTMs) unterstützt. Die Software ist skalierbar und erlaubt dadurch eine schnelle Erstellung von Modellen. Es werden unterschiedliche Programmschnittstellen unterstützt (C++, Python, Julia, Matlab, JavaScript, Go, R, Scala).

Das Framework hat seinen Ursprung in der akademischen Welt und ist das Ergebnis der Zusammenarbeit von Wissenschaftlern verschiedener Universitäten. Es wurde entwickelt, um v. a. in den Bereichen Bilderkennung, Sprachverarbeitung und -verständnis Lösungen bereitzustellen. Mittlerweile sind zahlreiche Unternehmen an der Weiterentwicklung des Framework beteiligt.

Mithilfe von MXNet können Netzwerke in vielen verschiedenen Anwendungsbereichen definiert, trainiert und bereitgestellt werden. Eine Skalierung über mehrere Prozessoren (sowohl CPUs als auch GPUs) und Maschinen hinweg ist möglich. Amazon Web Services hat sich für MXNet als bevorzugtes Deep Learning Framework entschieden und bietet die entsprechenden Services an. Auch in Microsoft Azure ist MXNet verfügbar.

3.3.7 Tensorflow

Tensorflow ist eine plattformunabhängige Open-Source-Programmbibliothek für maschinelles Lernen. TensorFlow wurde ursprünglich vom „Google Brain Team" für den Google-internen Bedarf entwickelt und 2015 als Open-Source-Lizenz veröffentlicht. Sie enthält Lernalgorithmen aus dem Bereich Graphentheorie, also vor allem zur Erstellung von neuronalen Netzwerken und Softmax-Regressionen (siehe Abschnitte 4.4.6 und 4.4.7). Die Bibliothek wurde in C++ und Python erstellt und kann über einen Python-Client bedient werden.

Kapitel **3** - Daten analysieren

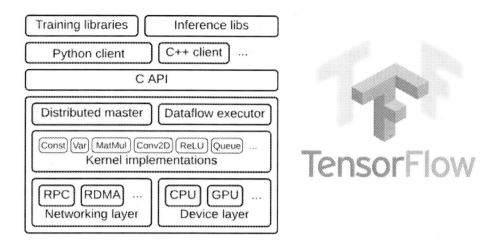

Es werden unterschiedliche Plattformen (Windows, Linux, MacOS, Android) und Prozessortypen (neben CPUs auch GPUs von NVIDIA) unterstützt.

3.3.8 Weitere Deep Learning Frameworks

Neben den oben aufgeführten Bibliotheken für Deep Learning TensorFlow und MXNET existieren noch weitere Bibliotheken bzw. Frameworks, die alle als Open-Source-Software verfügbar sind:

Kapitel 3 - Daten analysieren

Software	Creator	Platform	Interface
Apache Singa	Apache Incubator	Linux, Mac OS X, Windows	Python, C++, Java
Caffe	Berkeley Vision and Learning Center	Linux, Mac OS X, Windows	Python, MATLAB
Deeplearning4j	Skymind engineering team; Deeplearning4j community; originally Adam Gibson	Linux, Mac OS X, Windows, Android	Java, Scala, Clojure, Python (Keras)
Dlib	Davis King	Cross-platform	C++
Keras	François Chollet	Linux, Mac OS X, Windows	Python
Microsoft Cognitive Toolkit	Microsoft Research	Windows, Linux	Python, C++
OpenNN	Artelnics	Cross-platform	C++
Theano	Université de Montréal	Cross-platform	Python
Torch	Ronan Collobert, Koray Kavukcuoglu, Clement Farabet	Linux, Mac OS X, Windows, Android, iOS	Lua, C, utility library for C++

Table 1: Quelle: https://en.wikipedia.org/wiki/Comparison_of_deep_learning_software

3.4 Cloud-Angebote

In den vorangegangenen Abschnitten wurden Softwarelösungen (Plattformen und Bibliotheken) vorgestellt, die man herunterladen und auf einem eigenen System betreiben kann. Manche der Lösungen sind darüber hinaus auch als Cloud-Angebot verfügbar, sie sind aber grundsätzlich eigene Lösungen, die selbst „eingestellt" werden können. Darüber hinaus bieten die Cloud-Anbieter Services für Machine Learning und künstliche Intelligenz an, die „out of the box" genutzt werden können. Die Angebote bieten in der Regel weniger Parametrisierungs-Möglichkeiten zugunsten einer einfachen Handhabung.

Neben AWS, Microsoft Azure und IBM bieten auch z. B. Google oder Oracle Machine-Learning-Angebote aus der Cloud an.

3.4.1 AWS

Amazon KI-Services umfassen Angebote in den Bereichen natürliches Sprachverständnis, automatische Spracherkennung, visuelle Such- und Bilderkennung, Text-Sprache-Umwandlung und Machine Learning. Das AWS Deep Learning AMI stellt KI-Entwicklern und -Forschern eine Möglichkeit zum schnellen und einfachen Verwenden eines Deep Learning Framework zur Verfügung, um benutzerdefinierte KI-Modelle zu erstellen und Algorithmen anzuwenden.

Kapitel 3 - Daten analysieren

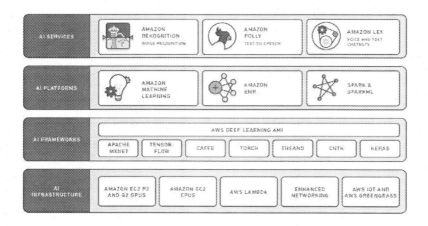

3.4.2 Microsoft – Azure

Mit der **Azure Machine Learning Platform** bietet Microsoft eine cloudbasierte Data-Science-Plattform als Teil der Cortana Intelligence Suite an. Das Angebot ist „Cloud only", kann aber sowohl cloudbasierte als auch On-Premises-Datenquellen analysieren.

Das Angebot umfasst sowohl vorkonfigurierte Lösungen als auch Machine-Learning-Bibliotheken.

	Funktionen	Produkte
Konfigurierte Lösungen	- Geschäftsszenarien	- Gesichts-, Iris-, Sprach- und Texterkennung - Empfehlungen, Prognosen, Fluktuation usw.
Intelligenz	- Integration in Cortana - Bot-Dienste - Cognitive Services	- Cortana - Bot Framework - Cognitive Services
Dashboards und Visualisierungen	- Dashboards und Visualisierungen	- Power BI
Machine Learning und Analysen	- Machine Learning - Hadoop - Verteilte Analysen - Verarbeitung komplexer Ereignisse	- Azure Machine Learning - Azure HDInsight (Data Lake-Service) - Azure Data Lake-Analyseservice - Azure Stream Analytics
Big Data-Speicher	- Big Data-Repository - Elastisches Data Warehouse	- Azure Data Lake-Speicherlösungen - Azure SQL Data Warehouse
Informationsmanagement	- Datenkoordination - Datenkatalog - Ereignisaufnahme	- Azure Data Factory - Azure Data Catalog - Azure Event Hubs

3.4.3 IBM Watson

IBM bietet mit seinen Watson Service-Angeboten einen Zugang zu den KI-Fähigkeiten von Watson, bereitgestellt als Black Box durch das IBM-Rechenzentrum (siehe Abschnitt 3.2.4). Das Angebot umfasst APIs für die folgenden Bereiche:

Sprache
- AlchemyLanguage
- Conversation
- Dialog
- Document Conversion
- Language Translator
- Natural Language Classifier
- Natural Language Understanding
- Personality Insights
- Retrieve and Rank
- Tone Analyzer
- Speech to Text
- Text to Speech

Bild
- Visual Recognition

Datenanalyse
- AlchemyData News
- Discovery
- Discovery News
- Tradeoff Analytics

Kapitel 3 - Daten analysieren

3.5 Entscheidungshilfe für die Softwareauswahl

Aus den vorangegangen Abschnitten wurde deutlich, dass es nicht an Angeboten von Softwarelösungen für die Arbeit eines Data Scientisten mangelt. Im Gegenteil stellt die wachsende Auswahl an Data-Science-Plattformen, Data-Mining-Software und ML Libraries eine Herausforderung dar. Auf welches „Pferd" soll man setzen? Wie stelle ich sicher, dass ich den zukünftigen Aufgaben gewachsen bin?

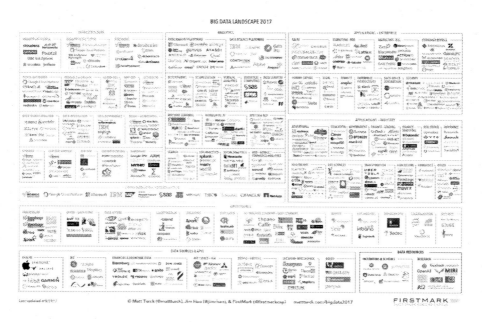

Abbildung 8: Quelle http://mattturck.com/bigdata2017/

Matt Turck hat in seinem Blog (mattturck.com) eine Big Data Landscape veröffentlicht, auf der Softwareanbieter strukturiert dargestellt sind. Die Abbildung wird hier im Abdruck (bzw. im E-book) nicht wirklich lesbar sein, aber man kann die schiere Masse an Softwareangeboten erkennen.

Kapitel 3 - Daten analysieren

Es kann keine allgemeingültige Empfehlung für eine Data-Science-Software abgegeben werden. Vielmehr wird die Softwareauswahl immer von den Gegebenheiten (vorhandene Datenbanken, Softwaretools, Know-how der Mitarbeiter, Anforderungen an Datenmenge etc.) abhängen. Wahrscheinlich gibt es in einem halben Jahr schon ein neues, noch „heißeres" Tool, das auf Spark die Facebook-Amazon-Google Deep-Learning-Bibliothek als Open Source mit Plugins zu Python und R inkl. Bluetooth-Anschluss anbietet. Viele reden dann darüber, aber nur wenige „Geeks" werden es wirklich verstehen.

Im Folgenden sollen einige subjektive Empfehlungen für die Auswahl der „richtigen" Software gegeben werden:

Empfehlung 1: Nicht von der Softwareauswahl aufhalten lassen!

Es ist nicht so wichtig, welche Software man auswählt, die Hauptsache ist, dass man überhaupt etwas macht. Die meisten statistischen Verfahren sind seit mindestens 50 Jahren verfügbar. Softwarelösungen, die diese Verfahren beinhalten, gibt es ebenfalls seit mehreren Jahrzenten (z. B. SAS, SPSS). Mittlerweile gibt es eine Reihe von Open-Source-Lösungen, die den ganzen Funktionsumfang umfassen und die Leistung bzw. Speicherkapazität der Computer ist ausreichend, um 90 Prozent der Fragestellungen in angemessener Zeit durchführen zu können.

Manchmal bekomme ich den Eindruck, dass in vielen Unternehmen die Diskussion um die Technik, also um Hadoop, Spark, Data Lakes, ML-Software etc. sehr viel Zeit einnimmt, während dadurch die eigentliche Arbeit der Data Scientisten – nämlich Projekte durchzuführen, die Erkenntnisse aus Daten gewinnen –noch hintenanstehen muss. Der Rat lautet also hier, sich nicht von der Frage der Softwareauswahl aufhalten zu lassen. Ein Open-Source-Produkt ist in buchstäblich fünf Minuten installiert und schon morgen kann mit dem ersten Analytics Use Case begonnen werden. Die Auswahl einer langfristigen Corporate-Data-Science-Plattform kann ja parallel dazu ablaufen, sollte einen aber nicht vom „Dataminen" abhalten.

Kapitel 3 - Daten analysieren

Empfehlung 2: Was „sprechen" die Mitarbeiter?

Bei der Entscheidung über die Softwarewerkzeuge empfiehlt es sich, das Know-how der Mitarbeiter zu beachten. Dabei muss man sich ja nicht nur auf die vorhandenen Mitarbeiter beschränken, sondern kann auch die Fähigkeiten potenzieller bzw. zukünftiger Mitarbeiter mit in die Überlegungen einbeziehen. Wenn die vorhandene „Mannschaft" fließend SAS spricht und SAS auch schon im Unternehmen vorhanden ist, spricht wenig dafür, komplett und ausschließlich auf Open-Source-Komponenten zu setzen. Wenn man in der Entscheidung grundsätzlich offen ist, liegt man grundsätzlich nicht falsch, wenn man bei den Fähigkeiten der Mitarbeiter auf R und Python setzt und softwareoffene Plattformen wählt, die eine Schnittstelle zu R und Python besitzen.

Empfehlung 3: Datenquelle beachten

Alle Welt spricht von Hadoop als *die* Plattform für Big Data. Da es sich um Open-Source-Software handelt, bekommt man Hadoop auch noch quasi geschenkt. Kein Mensch investiert deshalb noch in klassische Data-Warehouse-Technologie. Das ist natürlich überspitzt formuliert, zumal die Diskussion mittlerweile von einem „Hadoop-Hype" in einen sachlicheren Modus übergegangen ist. Die Entscheidungsgrundlage ist die TCO einer Query. Die Strategie wird zukünftig so lauten, dass die Daten auf der geeigneten Plattform liegen müssen. Open Source heißt ja nicht kostenlos, da Personal-, Wartungs- und Hardwarekosten trotzdem anfallen. Auch die Unterschiede in der Performance sind zu beachten (siehe Abschnitt 2.5). Daher deutet vieles darauf hin, dass Unternehmen in nächster Zukunft eine „hybride" Datenstrategie umsetzen werden. Es wird ein Nebeneinander von klassischem Data-Warehouse und Hadoop, von On-Premises und Cloud geben. Dementsprechend wird die Auswahl einer Data-Science-Plattform vor dem Hintergrund der Datenstrategie erfolgen müssen.

Für Hadoop-Plattformen zeichnet sich die Entwicklung ab, dass Spark als die Komponente der Wahl für analytische Aufgaben gesehen wird. Mit MLlib oder H_2O.ai stehen auch die entsprechenden Verfahrensbibliotheken zur Verfügung. Geht man jedoch etwas in die Tiefe, stellt man fest, dass der Umfang und die Qualität dieser Spark-ML-Bibliotheken noch nicht vergleichbar ist mit den entsprechenden Bibliotheken für R oder den Funktionen der kommerziellen Anbieter.

Fuzzy Logix bietet seine On-Database-Verfahren auf unterschiedlichsten Plattformen an, mit Python kann man sowohl auf die Spark-Bibliotheken als auch auf die klassischen Bibliotheken zugreifen. R ist vom Funktionsumfang her unschlagbar, kann aber nur über die „Krücke" SparkR – MLlib die Performance von Spark nutzen.

Empfehlung 4: Visuelle Plattform

Persönlich stehe ich auf visuelle Plattformen, also auf das, was SAS Enterprise Miner und SPSS Modeler (damals noch Clementine) als Erste angeboten hatten. Die visuelle Unterstützung des gesamten Analyse-Prozesses inklusive der Datenanbindung und -aufbereitung, Modellbildung, Modellauswahl und Ergebnisdarstellung ist einfach sehr „schick" und erleichtert die Arbeit. Dass man sich durch den Analyseprozess durchklicken kann, ist zwar bei echten Data Scientisten oftmals als „Laienspiel" verpönt – nur Programmieren zählt. Aber dennoch sehe ich die entsprechenden Tools als sehr nützlich an. Es ist ja bei allen Produkten möglich, R- oder Python-Code als entsprechenden „Knoten" in das Prozessbildchen einzufügen.

Neben den kommerziellen Angeboten von SAS, IBM/SPSS, Quest und SAP stehen mit dem RapidMiner (zumindest der eingeschränkten, kostenlosen Version), KNIME, WEKA und Dataiku lizenzkostenfreie Alternativen zur Verfügung. Auch wenn mir die Oberfläche des RapidMiner etwas besser „gefällt", kann an dieser Stelle aufgrund seiner kompletten Lizenzkostenfreiheit

KNIME grundsätzlich empfohlen werden. Man muss die Software nicht in jedem Projekt einsetzen, aber für viele Projekte ist sie sicher eine Option.

Empfehlung 5: In-Database

Üblicherweise werden für die Datenanalyse und Modellbildung die Daten aus der Datenquelle in die Analyseplattform transferiert, wo die eigentliche analytische Arbeit durchgeführt wird. Das Vorgehen ist einerseits zeitintensiv und andererseits sind der Analysetätigkeit durch das Analysesystem Grenzen gesetzt. Verfahren, die In-Database funktionieren (z. B. Fuzzy Logix oder die Spark-Bibliotheken), machen den Datenbewegungsprozess obsolet und erweitern die Grenzen, was z. B. die Anzahl der untersuchten Variablen oder Datensätze angeht. Bestimmte Modellierungen sind allein dadurch möglich oder werden nur durch den Performancegewinn „erträglich". Erst, wenn man nicht mehr Stunden oder sogar Tage auf ein Ergebnis warten muss, sondern nur noch Minuten, kann man auch vernünftig iterativ arbeiten und stabile Modelle erstellen.

Bei Fragestellungen, die vom Umfang her begrenzt sind, kann man die Analysesysteme benutzen und den vollen Umfang der angebotenen Verfahren (R, SAS, SPSS etc.) nutzen. Bei umfangreichen Fragestellungen empfiehlt sich die In-Database-Herangehensweise – entsprechend ist man dann bei der Auswahl der Softwareprodukte bzw. Verfahren beschränkt auf die On-Database-Verfahren.

Übersicht

In der folgenden Tabelle sind die vorgestellten Data-Science-Plattformen bzw. Machine Learning Libraries noch einmal im Überblick dargestellt und wurden in verschiedenen Kategorien bewertet. Diese Bewertungen sind subjektiv und beruhen nicht auf einem aufwendigen Softwarevergleich, sondern sollen lediglich eine grobe Einschätzung wiedergeben, die der ersten Orientierung dienen kann. Man möge bitte Einzelbewertungen in einer Kategorie nicht auf die „Goldwaage" legen.

	Open Source / lizenzkostenfrei	Verbreitung	Datenaufbereitung	Anzahl Verfahren / Umfang Bibliothek	In Database	Grafische Oberfläche	Leichte Erlernbarkeit
Sprachen							
R	███	███	██	███		█	█
Python	███	███	██	███		█	█
Scala	███	██	█	█			█
DS-Plattformen							
Angoss		█	██	██		███	██
Dataiku	█	█	██	██		███	███
Domino Data Lab	█	█	██	██		███	███
IBM DSX	█	█	██	██		███	███
IBM SPSS		██	██	██		███	███
KNIME	██	██	██	██		███	███
MATLAB		██	██	██		███	██
Microsoft R	█	██	██	███	██	██	██
Quest / Statistica		██	██	██		███	███
Rapid Miner	██	██	███	███		███	███
SAP		██	██	██		███	███
SAS		███	███	███	██	███	███
WEKA	███	██	█	██		██	██
Bibliotheken							
Apache Mahout	███	██		███	██		█
Spark MLib	███	██		██	██		█
H2O.ai	███	██		███	██		█
Fuzzy Logix		█	█	███	███		█
MXNET	███	█		█			█
Tensorflow	███	█		█			█

4 Verfahren der Datenanalyse

	Technik - IT		Theorie		Praxis
2 Datenquellen	3 Analysewerkzeuge	4 **Verfahren**		5 Vorgehen	6 Anwendung
• DB • Data-Wareh. • NoSQL DB • Hadoop • Cloud	• Sprachen • Data-Science-Plattformen • ML Libraries	• Statistik • Data-Mining • Machine-Learning • Modellierung		• Vorgehen • Analyseprozess • Modell-Management	• Beispiele • Use Cases • Branchen

Der Begriff Data Science beansprucht, dass es sich bei diesem Fachgebiet um eine *Wissenschaft* handelt. Die bisher beschriebenen Aspekte in den vorangegangenen Kapiteln waren aber eher praxisorientiert. Es ging um die Technik – also vor allem um die Software, die Data Scientisten bei ihrer Arbeit einsetzen bzw. von denen sie abhängig sind (Datenlieferanten).

Im folgenden Kapitel wird es nun etwas wissenschaftlicher. Es geht ans „Eingemachte" und die wichtigsten Verfahren im Rahmen der Datenanalyse werden vorgestellt. Dabei ist das Ziel, beim Aufbau eines Verständnisses für den „Geist" der einzelnen Verfahren zu helfen. Die statistischen und mathematischen Grundlagen und vor allem die Feinheiten und unterschiedlichen Ausprägungen der Methoden können im Rahmen dieses Buches nicht ausführlich behandelt werden. Bevor in Kapitel 4.4 die einzelnen Verfahren dargestellt werden, sollen zuvor einige Begriffe und Grundlagen erläutert werden.

4.1 Begriffe

Es ist nicht immer einfach, die Begriffe, die im Rahmen von Data Science verwendet werden, zu verstehen und richtig anzuwenden. Da wird von maschinellem Lernen, Deep Learning, künstlicher Intelligenz, Big Data Analytics, Data-Mining, Predictive Analytics etc. gesprochen. Anbieter von Dienstleistungen und Softwarelösungen tragen mit immer neuen Buzz Words auch nicht gerade dazu bei, das begriffliche Durcheinander zu vereinfachen. Im Folgenden sollen die unterschiedlichen Begriffe anhand des Datenanalyse-Prozesses eingeordnet und erklärt werden.

Bei dem Prozess geht es ja grundsätzlich darum:

1. Daten zu analysieren,
2. um daraus Erkenntnisse zu gewinnen.
3. Diese Erkenntnisse dienen dann als Grundlage (oder Unterstützung) einer Entscheidung und lösen
4. Handlungen aus.

Gartner hat den Prozess im Zusammenhang mit unterschiedlichen Begriffen in folgender Grafik zusammengefasst.[7]

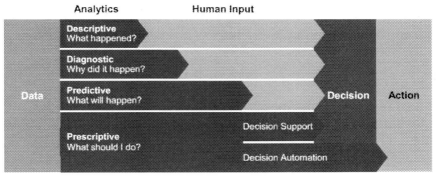

Source: Gartner (September 2013)

Werden Daten zusammengefasst und mit deskriptiven statistischen Methoden (also Summieren, Gruppieren, Teilen etc.) dargestellt, spricht man von **Descriptive Analytics**. Die Blickrichtung ist also auf die Vergangenheit gerichtet und beschreibt, was passiert ist. Der Anteil, den ein Mensch noch beitragen muss, um zu einer Entscheidung und einer Handlung zu kommen, ist groß.

---

[7] Gartner (2013)

Kapitel 4 - Verfahren der Datenanalyse

Eine Bank analysiert die Daten von Kunden, die ihre Kreditraten nicht bezahlt haben. Sie gruppiert sie vielleicht oder ordnet sie geografischen oder sozioökonomischen Faktoren zu.

Diagnostic Analytics: Will man diagnostizieren, wieso bestimmte Sachverhalte eingetreten sind, können mit der Anwendung entsprechender Verfahren (Kausalanalysen) die Gründe gesucht werden. Die Blickrichtung ist zwar immer noch auf die Vergangenheit gerichtet, aber das Ziel ist es, nicht nur Sachverhalte darzustellen, sondern auch Gründe für deren Eintreten zu finden. Der menschliche Anteil bei der Entscheidungsfindung ist schon etwas geringer, da die Analyse eine weitere Entscheidungsgrundlage liefert.

Durch die Analyse der Kreditausfalldaten erkennt die Bank, welche Faktoren die Zahlungsausfälle begünstigt haben.

Die **Predicitve Analytics** nutzt die Erkenntnisse aus der Datenanalyse, um eine Prognose für zukünftige Fälle zu geben. Die Blickrichtung ist also auf die Zukunft gerichtet.

Die Bank erstellt anhand der vorangegangenen Analysen ein Scoring-Modell. Ein neuer Kreditantragsteller wird mit diesem Modell bewertet. Der Scoringwert ist ein Entscheidungskriterium für die Frage, ob und zu welchen Konditionen der Kunde den Kredit bekommt. Es muss aber nicht unbedingt das einzige Kriterium sein. Die „Nase" des Antragstellers wird bei einem persönlichen Gespräch mit dem Bankmitarbeiter eventuell auch noch bewertet.

Die **Prescriptive Analytics** geht noch einen Schritt weiter und lässt den menschlichen Anteil an einem Entscheidungsprozess unnötig werden. Es werden anhand der Daten automatische Entscheidungen oder sogar Handlungen ausgelöst.

Für kleinere Konsumentenkredite bietet die Bank im Web die komplette Abwicklung eines Kreditantrages an. Anhand der eingegebenen und vorhandenen Daten über den Antragsteller fällt die Kreditentscheidung automatisch und die Auszahlung wird veranlasst.

Im Hinblick auf die hier vorgenommene Einordnung des Analytics-Begriffes sollen auch die weiteren Begriffe, die im Zusammenhang mit dem Thema Data Science häufig fallen, definiert werden. Es soll dabei nicht um eine wissenschaftlich korrekte Definition der Begriffe gehen, sondern es sollen die Unterschiede und Gemeinsamkeiten der Termini verdeutlicht werden.

- **Business Intelligence**: Der Begriff Business Intelligence (BI) wurde in den 1990er Jahren populär und bezeichnet Verfahren und Prozesse zur systematischen Analyse (Sammlung, Auswertung und Darstellung) von Daten. Ziel ist die Gewinnung von Erkenntnissen, die in Hinsicht auf die Unternehmensziele bessere operative oder strategische Entscheidungen ermöglichen. In der Praxis handelt es sich bei BI-Systemen in der Regel um Software, die es Business Usern ermöglichen soll, schnell und einfach auf aggregierte Zahlen zugreifen zu können. Der analytische Teil spielt eine untergeordnete Rolle und wir bewegen uns im Bereich der *deskriptiven* Analytics, also auf der ersten Stufe der oben gezeigten Abbildung. Mit Intelligenz (im Sinne von Verfahren der künstlichen Intelligenz) hat das noch wenig zu tun.

- **Knowledge Discovery**: Als man damit begann, systematisch Daten zu analysieren, um damit Erkenntnisse zu gewinnen – also ab den 1980er Jahren – wurde oft noch der Begriff Knowledge Discovery (Process) verwendet. Damit wurde der gesamte analytische Prozess des Erkenntnisgewinns aus Daten gemeint, der die *Diagnostic*- und *Predictive*-Aspekte miteinbezog. Eine der bekanntesten und ältesten DataScience-Informationsseiten im Web (kdnuggets.com) hat die Abkürzung KD (Knowledge Discovery) noch in ihrem Namen.

- **Data-Mining**: Eng verbunden mit der Knowledge Discovery ist der Begriff „Data-Mining", also das Schürfen nach Goldschätzen in Datensätzen. Damit sind vor allem die *Diagnostic*- und *Predictive*-Verfahren gemeint, aber auch der gesamte analytische Prozess. Data-Mining ist damit eigentlich nur ein „fancy" Begriff für die Knowledge

Kapitel **4** - Verfahren der Datenanalyse

Discovery und wird zum Teil synonym, zum Teil nur auf den eigentlichen, analysierenden Teil des Gesamtprozesses bezogen, verwendet.

- **Advanced Analytics**: Um sich gegenüber den meist deskriptiven Verfahren im Rahmen von Business-Intelligence-Systemen abzugrenzen, haben v. a. die Data-Mining-Software-Anbieter den Begriff Advanced Analytics geprägt. Auch hier bewegen wir uns im Bereich der diagnostizierenden und vorhersagenden (*Predictive*-) Verfahren.

- **Künstliche Intelligenz**: Künstliche Intelligenz (englisch: artificial intelligence, AI) ist ein Teilgebiet der Computer Science bzw. Informatik, das sich mit der Automatisierung intelligenten Verhaltens befasst. KI ist der Versuch, einen Computer so zu programmieren, dass er – ähnlich einem Menschen – eigenständig Probleme bearbeiten kann. Problemlösung bedeutet oft, anhand von Daten unterschiedlicher Art (strukturierte Daten, Bilder, Sensordaten) Entscheidungen zu treffen. Damit kann die KI als Oberbegriff für die *Prescriptive*-Analytics-Verfahren gesehen werden. Sie geht aber darüber hinaus, da auch Bereiche wie selbstlernende Systeme, autonomes Handeln (z. B. Fahren), eigenständige Erkenntnisprozesse etc. darin umfasst sind.

- **Maschinelles Lernen – Machine Learning (ML)**: Im Begriff Maschinelles Lernen sind die statistischen, mathematischen Verfahren inbegriffen, die im Bereich der *Diagnostic* und *Predictive* Analytics eingesetzt werden. Die Idee ist geprägt von der Frage, wie man einer Maschine (Computer) etwas beibringen kann: Nämlich nicht, indem man ein starres Programm schreibt, sondern indem man ihm das Lernen ermöglicht. De facto ist maschinelles Lernen ein Sammelbegriff für die in den folgenden Abschnitten erläuterten statistischen, mathematischen Verfahren (siehe Abschnitt 4.4). Ein echtes Lernen im Sinne komplexer Prozesse im Rahmen intelligenter, selbstlernender Systeme (wie es z. B. beim Menschen passiert) ist damit also nicht gemeint. Machine Learning ist daher weniger „kompliziert" als der Begriff den Anschein geben mag.

- **Deep Learning**: Deep Learning bezieht sich auf einen Ausschnitt der Machine-Learning-Verfahren, nämlich v. a. auf die neuronalen Netze mit mehreren Hidden Layers (siehe Abschnitt 4.4.6) und weitere Graphen-Verfahren (z. B. Multi-Class Logistic Regression). Es sind also Verfahren, die besonders geeignet erscheinen, Erkenntnisse und Entscheidungen aus der Analyse von Daten zu gewinnen.

- **Big Data Analytics**: Mit diesem Begriff soll dem exponentiell wachsenden Datenaufkommen Rechnung getragen werden. Die analytischen Verfahren und Vorgehensweisen sollen also auch auf Big Data angewendet werden. Und mit Big Data sind neben den strukturierten Daten (z. B. Sensordaten) auch die „unstrukturierten" oder weniger strukturierten Daten (z. B. Texte aus sozialen Medien, Sprach- und Bilddateien etc) gemeint.

4.2 Datentypen und Skalentypen

Da es bei den in den folgenden Abschnitten beschriebenen Verfahren von Bedeutung ist, von welchem Typ die Daten sind, werden an dieser Stelle die unterschiedlichen Datentypen und deren Skalen kurz vorgestellt. Es gibt drei bzw. vier Skalentypen:

- Nominalskala
- Ordinalskala
- Kardinalskala, mit den Ausprägungen Intervallskala und Verhältnisskala

Die Unterschiede sind in folgender Tabelle aufgeführt:

Datentyp/Skala	Beschreibung	Beispiele	Messbarkeit
Nominal	Rein qualitative Merkmalsausprägungen ohne natürliche Ordnung	Geschlecht, Berufsstatus, ja/nein-Fragen	Häufigkeit
Ordinal	Qualitative Merkmalsausprägungen mit natürlicher Ordnung	Benotung (sehr gut, gut, mittel, schlecht, sehr schlecht)	Häufigkeit, Reihenfolge
Kardinal - Intervallskala	Merkmalsausprägungen, die in einer Zahl bestehen und eine Dimension besitzen	Datum	Häufigkeit, Reihenfolge, Abstand,
Kardinal - Verhältnisskala	Merkmalsausprägungen, die in einer Zahl bestehen und eine Dimension und einen Nullpunkt besitzen	Einkommen in Euro, Alter in Jahren	Häufigkeit, Reihenfolge, Abstand, natürlicher Nullpunkt

4.3 Einordnung der Verfahren

Für die Gewinnung von Erkenntnissen aus Daten werden unterschiedliche Methoden verwendet. Diese stammen aus den Bereichen der künstlichen Intelligenz, des maschinellen Lernens, des Data-Mining, der Statistik und der Mathematik.

Unterteilung nach Aufgaben

Die Verfahren lassen sich nach ihren Aufgaben bzw. deren Absicht unterscheiden. Die Abgrenzung ist zwar nicht immer eindeutig, aber sie hilft dabei, grundsätzliche Unterschiede der Verfahren zu berücksichtigen:

Klassifikation	Zuordnung zu vorgegebenen Klassen
Prognose / Vorhersage	Berechnung von unbekannten Werten anhand bekannter Werte
Segmentierung	Bildung von möglichst gleichartigen Gruppen anhand von Ähnlichkeiten
Abhängigkeitsanalyse	Assoziationsanalysen: Entdeckung und Quantifizierung von Abhängigkeiten
Abweichungsanalyse	Entdecken von „Ausreißern"

Bei der **Klassifikation** werden vor der Datenanalyse Klassen oder Kategorien festgelegt, denen dann einzelne Elemente zugeordnet werden. Dies geschieht aufgrund von Vergleichen zwischen Klasseneigenschaften und Objektmerkmalen. Als Beispiel kann das Thema Kreditwürdigkeit herangezogen werden. Anhand von Ausprägungen verschiedener Variablen (Einkommen, Alter, Wohnort, Familienstand, Bildung etc.) kann eine Zuordnung zu den beiden Klassen „kreditwürdig" oder „nicht kreditwürdig" vorgenommen werden.

Die **Vorhersage** oder Prognose eines Wertes (einer abhängigen Variablen) auf Basis der Werte anderer Merkmale (unabhängiger Variablen), bzw. anhand von Werten der gleichen Variable aus früheren Perioden, wird als Prognose bezeichnet. Streng genommen kann die Klassifikation auch eine Prognose sein, da ja die Zuordnung zu einer Klasse anhand der Werte der untersuchten Variablen eine Prognose bedeuten kann (ob der Kunde kreditwürdig ist). Der Unterschied der Vorhersage-Methoden ist der, dass dabei eine Berechnung eines stetigen Wertes vorgenommen wird. Der exaktere Begriff für diese Art der Verfahren wäre daher die Vorhersageberechnung. Telefongesellschaften prognostizieren beispielsweise den jährlichen Umsatz eines Kundens mit den entsprechenden Vorhersagemodellen.

Bei der **Segmentierung** werden Objekte in Gruppen zusammengefasst. Die Gruppen sind – im Unterschied zur Klassifizierung – nicht vorgegeben oder bekannt. Es ist vielmehr die Aufgabe der Segmentierung, die Gruppen (Cluster) herauszuarbeiten, mit dem Ziel, die Ähnlichkeit der Gruppenmitglieder möglichst groß und die Gruppen untereinander möglichst unterschiedlich zu wählen. Konsumgüterhersteller versuchen z. B. Ihre Kunden zu segmentieren, um sie dann unterschiedlich anzusprechen.

Die **Abhängigkeitsanalyse** hat das Ziel, Beziehungen zwischen verschiedenen Objekten oder zwischen Merkmalen eines Objektes zu finden. Dies kann sich auf einen bestimmten Zeitpunkt oder verschiedene Zeitpunkte beziehen. Häufig wird das z. B. in der Warenkorbanalyse eingesetzt, um Abhängigkeiten, also Assoziationen zwischen Produkten, aufzudecken, um entsprechend darauf reagieren zu können.

Bei der **Abweichungsanalyse** sollen Ausreißer identifiziert werden, deren Eigenschaften von denen der anderen Objekte signifikant abweichen. Ziel ist es, die Ursachen für diese Abweichungen auszumachen. Dies kann z. B. in der Qualitätskontrolle in der Fertigung eingesetzt werden.

Einteilung nach Lernmethode

Eine weitere Dimension, nach der die Verfahren eingeteilt werden können, ist die Frage, ob es sich bei dem Verfahren um „überwachtes" oder „unüberwachtes" Lernen handelt (Supervised Learning versus Unsupervised Learning).

Überwachtes Lernen	Lernen aus „gelabelten" Daten
Unüberwachtes Lernen	Lernen aus „ungelabelten" Daten

Der Begriff stammt aus dem Bereich des maschinellen Lernens. Dabei unterscheidet man hauptsächlich – aber nicht ausschließlich – zwischen zwei Arten von Lernmethoden: Supervised (überwachtes) und Unsupervised Learning (unüberwachtes Lernen).

Beim überwachten Lernen haben wir Daten vorliegen, die schon ein Ergebnis oder „Label" enthalten. In anderen Worten: jeder Datenpunkt in der vorhandenen Datenmenge besteht aus Eingabe- und Ausgabewerten. Beim unüberwachten Lernen handelt es sich um das allgemeine Verstehen der vorliegenden Daten und die Entdeckung versteckter Strukturen. Die Daten sind also nicht durch „Labels" gekennzeichnet.

Die Frage nach überwachtem oder unüberwachtem Lernen ist also weniger „dramatisch" als es die Begriffe vermuten lassen. Es geht nicht um eine echte Überwachung des Lernprozesses (als Vater denke ich da unwillkürlich an die Hausaufgabenüberwachung meiner Tochter in der ersten Klasse), sondern lediglich darum, ob die Daten gelabelt sind oder nicht. Gibt es in der Datentabelle eine Spalte mit Ergebniswerten (z. B. Betrugsfall ja/nein oder ein Umsatzwert, der prognostiziert werden soll) oder soll aus der Gesamtheit der Daten ein Ergebnis ermittelt werden (z. B. verschiedene Cluster oder Abhängigkeiten)?

Auch wenn es nicht immer ganz eindeutige Zuordnungen gibt, kann man sagen, dass sich die Klassifikations- und Vorhersageverfahren dem überwachten Lernen zuordnen lassen. Segmentierung, Abhängigkeitsanalyse und Abweichungsanalyse gehören dagegen meist zum unüberwachten Lernen.

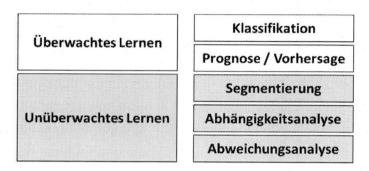

Die hier beschriebenen Verfahrensarten beziehen sich grundsätzlich auf Verfahren für strukturierte Daten. Bildlich gesprochen sind das also Daten, die man in Form einer Tabelle darstellen kann, wobei die Spalten die Variablen und die Zeilen die einzelnen „Fälle" darstellen.

Daneben gibt es im Rahmen der künstlichen Intelligenz noch weitere Verfahren bzw. Konzepte, die sich auf eher unstrukturierte Daten beziehen. Unter dem Begriff „Struktur" kann man hier die Möglichkeit verstehen, die Daten z. B. in der Form einer Tabelle darzustellen. Unstrukturierte Daten – also z. B. Bild- und Sounddateien oder Fließtexte – haben natürlich auch in irgendeiner Form eine Struktur, diese lässt sich aber nicht direkt in Tabellenform überführen.

Die weiteren Gebiete im Rahmen der künstlichen Intelligenz beziehen sich vorwiegend auf „unstrukturierte" Daten. Im Folgenden wird auf fünf dieser Sektoren kurz eingegangen:

Text Mining	Entdeckung von Bedeutungsstrukturen aus Textdaten
Sprachverarbeitung	Erkennen und Verarbeiten natürlicher Sprache
Bilderkennung	Erkennen und Verstehen von Bildinformationen
Expertensysteme	Bündelung von Spezialwissen zur Entscheidungsunterstützung
Selbstlernende Systeme	Ohne menschlichen Input sich selbst verbessernde Systeme

Beim **Text Mining** handelt es sich um ein Verfahren, das das Ziel hat, Bedeutungen und Strukturen von Texten zu entdecken. Es handelt sich dabei in der Regel um ein zweistufiges Verfahren. In einem ersten Schritt werden die „unstrukturierten" Texte strukturiert. Dazu werden z. B. Indizes gebildet, Worthäufigkeiten oder die Entfernung von Wortpaaren bzw. -gruppen ermittelt. Die Texte werden quantifiziert und strukturiert, sodass im zweiten Schritt die im vorangegangen Abschnitt aufgeführten multivariaten Verfahren angewendet werden können.

Auch die **Sprachverarbeitung** ist ein zweistufiger Prozess: Der erste Schritt ist das Erkennen der gesprochenen Sprache, in dem Sinne, dass eine „Sounddatei" in eine Ansammlung geschriebener Worte überführt wird, die idealerweise in einem Dictionary vorhanden sind. Im zweiten Schritt wird versucht, die semantische Bedeutung der Worte zu verstehen und gegebenenfalls entsprechende Handlungen anzustoßen. Sprachverstehende kognitive Systeme sollen es dem Benutzer ermöglichen, in seiner natürlichen Sprache mit dem Computer zu kommunizieren. Als Verfahren werden dazu häufig neuronale Netze eingesetzt (siehe Abschnitt 4.4.6)

In der **Bilderkennung** versucht man, Objekte in einem Bild zu erkennen und einer Bedeutung zuzuordnen. Bei einer Musteranalyse wird dann darüber hinaus noch versucht, bestimmte Muster zu erkennen. Für Bilder, die Texte enthalten, wird – vergleichbar der Spracherkennung aus Sounddateien – versucht, im ersten Schritt die Buchstaben und Worte zu erkennen, um sie dann einer weiterführenden, z. B. semantischen, Analyse zu unterziehen. Auch in diesem Fall werden meist neuronale Netze eingesetzt.

In **Expertensystemen** wird das Spezialwissen und die Schlussfolgerungsfähigkeit qualifizierter Fachleute auf einem eng begrenzten Anwendungsgebiet im Computer nachgebildet. Die so entstandenen Systeme sollen Fachleute bei ihren Entscheidungen unterstützen.

Bei **selbstlernenden Systemen** geht es darum, (Computer-)Systeme zu entwickeln, die in der Lage sind, durch die Verarbeitung von Informationen neues Wissen zu konstruieren und vorhandenes Wissen zu verbessern, ohne dass ein programmierendes Eingreifen eines Menschen notwendig wäre.

4.4 Analyseverfahren – Machine-Learning-Algorithmen

In diesem Kapitel werden die wichtigen Verfahren vorgestellt. Es kann zwar keine Beschreibung der Verfahren mit allen Details erfolgen und auch nicht auf jede (statistische) Feinheit eingegangen werden, aber dieser Abschnitt soll zumindest als Einstieg dienen und ein „Gefühl" für die Möglichkeiten und Grenzen der einzelnen Verfahren vermitteln. Die folgende Abbildung stellt zusammenfassend die im Folgenden beschriebenen Verfahren, in Zusammenhang mit den Gliederungen aus dem vorangegangenen Kapitel, dar. Diese Zuordnungen sind nicht immer eindeutig. In der Abbildung wurden die wichtigsten bzw. „üblichen" Zusammenhänge zwischen Verfahren und Zweck abgebildet.

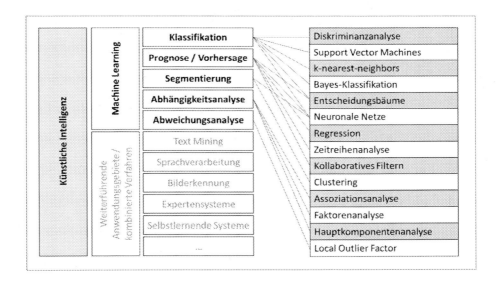

In den folgenden Unterkapiteln wird jeweils ein Verfahren besprochen. Dabei wird am Anfang jedes Abschnitts in einer Grafik das entsprechende Verfahren einer der oben vorgestellten Aufgaben und Lern-Arten zugeordnet.

Kapitel 4 - Verfahren der Datenanalyse

Verfahrensname: Unterschiedliche Ausprägungen des Verfahrens, ...			
Absicht / Zweck	Lernen	Analys. Daten	Ergebnis
Klassifikation	Überwachtes Lernen	Nominalskala	Nominalskala
Prognose / Vorhersage		Ordinalskala	Ordinalskala
Segmentierung	Unüberwachtes Lernen	Kardinalskala	Kardinalskala
Abhängigkeitsanalyse			
Abweichungsanalyse			

Die Anforderung an das Skalenniveau der Variablen (unabhängige Variablen) der untersuchten Daten ist angegeben. Bei Verfahren, bei denen auch abhängige Variablen existieren (überwachtes Lernen), wird das Skalenniveau des Ergebnisses (der abhängigen Variable) angegeben, ansonsten die Art des Ergebnisses.

4.4.1 Diskriminanzanalyse

Diskriminanzanalyse: Allgemeine lineare Diskriminanzanalyse, Fischersche Dka, Quadratische Dka, Regularisierte Dka			
Absicht / Zweck	**Lernen**	**Analys. Daten**	**Ergebnis**
Klassifikation	Überwachtes Lernen	Nominalskala	Nominalskala
Prognose / Vorhersage		Ordinalskala	Ordinalskala
Segmentierung	Unüberwachtes Lernen	Kardinalskala	Kardinalskala
Abhängigkeitsanalyse			
Abweichungsanalyse			

Die Diskriminanzanalyse ist ein Verfahren zur Analyse von Gruppenunterschieden. Es werden die „diskriminierenden" Variablen erkannt, die für die Gruppenzugehörigkeit sorgen. Dadurch kann anhand der vorliegenden Ausprägung der unabhängigen Variablen auf die Gruppierung der abhängigen Variable geschlossen werden (z. B. bei der Kreditwürdigkeitsprüfung).

Die Diskriminanzanalyse erstellt ein Vorhersagemodell für Gruppenzugehörigkeiten. Dieses Modell besteht aus einer Diskriminanzfunktion (oder bei mehr als zwei Gruppen einem Set von Diskriminanzfunktionen), die auf der Grundlage derjenigen linearen Kombinationen der Prädiktorvariablen bestimmt wird, die die beste Diskriminanz zwischen den Gruppen ergeben. Die Funktionen werden aus einer Stichprobe der Fälle generiert, bei denen die Gruppenzugehörigkeit bekannt ist. Diese Funktionen können dann auf neue Fälle mit Werten für die Prädiktorvariablen zur Bestimmung der Gruppenzugehörigkeit angewandt werden.

Kapitel 4 - Verfahren der Datenanalyse

Unabhängige Variablen					Abhäng. Variable
Einkommen	Alter	Wertpapier-bestand	Kunde seit Jahren	...	Kreditausfall
45.000	58	50.000	25		ja
28.888	27	232.000	5		ja
26.000	31	0	1		nein
...					

Die Bildung der Diskriminanzfunktion erfolgt unter folgenden Bedingungen:

- Die Varianz zwischen den Gruppenmittelwerten (Intergruppenvarianz) sollte möglichst groß sein.
- Die Varianz innerhalb einer Gruppe (Intragruppenvarianz) sollte möglichst klein sein.
- Die sich „überlappende" Fläche (die eine Falschklassifikation bedeutet) sollte möglichst klein sein.

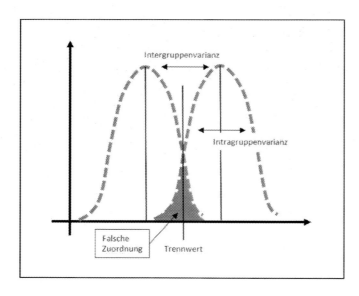

Neben der **allgemeinen linearen Diskriminanzanalyse** (Annahme Gleichverteilung, gleiche Gruppengröße) werden weitere Arten der Diskriminanzanalyse verwendet. Die unterschiedlichen Ausprägungen der Diskriminanzanalyse unterscheiden sich bezüglich ihrer Annahmen (Normalverteilung, gleiche Häufigkeit der Gruppenmitglieder), der Anzahl der Gruppen, der Anzahl der eingeschlossenen Variablen, der Art der Diskriminanzfunktion und dem Vorgehen zur Auswahl der Variablen.

Weitere Beispiele für wichtige Verfahren sind:

- Bayes'sche Diskriminanzanalyse (keine gleiche Gruppengröße)
- Fischer'sche Diskriminanzanalyse (Ziel der Dimensionsreduktion)
- Quadratische Diskriminanzanalyse (unterschiedliche Erwartungswerte in den Gruppen und unterschiedliche Kovarianzmatrizen)
- Regularisierte Diskriminanzanalyse (Regularisierungs- oder Glättungsmethoden zur Verringerung der zu schätzenden Parameter)

4.4.2 Support Vector Machine – SVM

Support Vector Machine (SVM):

Absicht / Zweck	Lernen	Analys. Daten	Ergebnis
Klassifikation	Überwachtes Lernen	**Nominalskala**	**Nominalskala**
Prognose / Vorhersage		Ordinalskala	Ordinalskala
Segmentierung	Unüberwachtes Lernen	Kardinalskala	Kardinalskala
Abhängigkeitsanalyse			
Abweichungsanalyse			

Support Vector Machines sind statistische Verfahren, die vor allem zur Klassifizierung von Datenobjekten verwendet werden. Bei dem Verfahren geht es darum, eine Grenzfläche zu finden, die einen möglichst breiten Bereich zwischen den Grenzen der einzelnen Klassen bildet. Dazu wird eine Trainingsdatenmenge benötigt, bei der die Klassenzugehörigkeit bekannt ist.

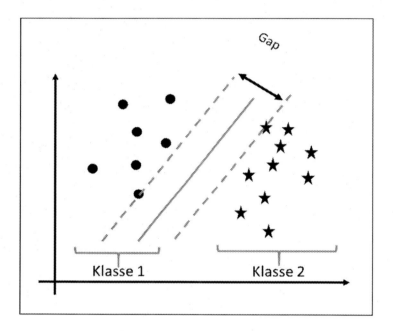

Die Grenzfläche kann entweder einer linearen Funktion folgen, oder auch von nicht linearem Charakter sein. Dazu werden die Daten solange in einen höherdimensionalen Raum transformiert, bis eine lineare Trennung möglich ist. Diese lineare Trennung aus einem höherdimensionalen Raum wird dann wieder in die Ausgangsdimension zurücktransformiert und erscheint dann als „krumme Linie", die die Gruppen trennt. Zur Verringerung des Rechenaufwandes können dabei diverse Verfahren (z. B. Kernel-Trick) Anwendung finden.

Kapitel 4 - Verfahren der Datenanalyse

Da in der Praxis meist keine vollständige, eindeutige Klassifizierung möglich ist, werden sog. Schlupfvariablen eingeführt. Diese bewerten einzelne „Abweichler" aus den Gruppen, ermöglichen so ein einfacheres Klassifizierungsmodel und vermeiden Überqualifizierung.

4.4.3 Nächste-Nachbar-Klassifikation – k-Nearest Neighbor

Nächste-Nachbar-Klassifikation / k-Nearest Neighbor

Absicht / Zweck	Lernen	Analys. Daten	Ergebnis
Klassifikation	Überwachtes Lernen	Nominalskala	Nominalskala
Prognose / Vorhersage		Ordinalskala	Ordinalskala
Segmentierung	Unüberwachtes Lernen	Kardinalskala	Kardinalskala
Abhängigkeitsanalyse		Transformation nominal oder ordinal skalierter Daten möglich	
Abweichungsanalyse			

Der nächste Nachbar (Nearest Neighbor) ist ein Maß der Entfernung multidimensionaler Datenpunkte mit kardinalen Variablenwerten. Ordinale und nominale Daten können transformiert werden, um so die Entfernung zu ermitteln. Die Entfernung kann gewichtet oder ungewichtet berechnet werden.

Dieses Entfernungsmaß ist die Grundlage für die Nächste-Nachbar-Klassifikation (k-Nearest Neighbor oder k-NN), ein Verfahren, das vor allem als Klassifikationsverfahren Anwendung findet.

Die Nächste-Nachbar-Analyse ist eine Methode für die Klassifikation von Fällen nach ihrer Ähnlichkeit mit anderen Fällen. Es handelt sich um eine Vorgehensweise für die Mustererkennung in Daten, ohne dass „gelabelte" Daten vorliegen. Ähnliche Fälle liegen nah beieinander und Fälle mit geringer Ähnlichkeit sind weit voneinander entfernt. Der Abstand zwischen zwei Fällen kann als Maß für ihre Unähnlichkeit herangezogen werden. Fälle, die nahe

Kapitel 4 - Verfahren der Datenanalyse

beieinanderliegen, werden als Nachbarn bezeichnet. Ein neuer Fall wird entsprechend seinem Abstand zu den Fällen im Modell berechnet. Der Fall wird in die Kategorie eingeordnet, die die größte Anzahl an nächstgelegenen Nachbarn aufweist. Der Wert k bedeutet die Anzahl der Nachbarn.

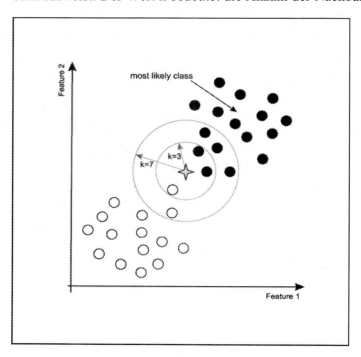

Abbildung 9: Quelle: https://mayuresha.wordpress.com/category/uncategorized/page/_

Das Verfahren ist eine vergleichsweise einfache Methode der Klassifikation. Es wird kein Wissen (gelabelte Daten) über die Ausprägung der Trainingsdaten benötigt. Das Verfahren liefert die Klasse, wobei diese Einordnung einer Interpretation durch den Nutzer bedarf. Bei großen Datensätzen steigt der Rechenaufwand exponentiell, was zum Einsatz von vereinfachenden Algorithmen geführt hat.

Eine Anmerkung zur Begrifflichkeit: Nearest Neigbor wird auch in Regressions- und Clusterverfahren eingesetzt, dabei aber als Maß der Distanz. Es handelt sich dann logischerweise nicht mehr um ein k-NN-Klassifikationsverfahren, sondern entsprechend um Regressionen bzw. Clusterverfahren.

4.4.4 Bayes-Klassifikation

Bayes-Klassifiaktion: Optimale-Bayes-Klassifikation, Naive-Bayes-Klassifikation

Absicht / Zweck	Lernen	Analys. Daten	Ergebnis
Klassifikation	Überwachtes Lernen	Nominalskala	Nominalskala
Prognose / Vorhersage		Ordinalskala	Ordinalskala
Segmentierung	Unüberwachtes Lernen	Kardinalskala	Kardinalskala
Abhängigkeitsanalyse		Texte	
Abweichungsanalyse			

Die Bayes-Klassifikation ist eine statistische Klassifikationsmethode, die die Wahrscheinlichkeit vorhersagt, mit der ein Objekt zu einer bestimmten Gruppe gehört. Sie basiert auf der Formel von Bayes, mit der die bedingte Wahrscheinlichkeit eines Ereignisses unter Bedingungen berechnet werden kann.

Bayes' Klassifikationsverfahren gehören zu den überwachten Klassifikatoren, da sie erst durch Trainingsdaten mit bekannter Klassifikation trainiert und dann auf neue Instanzen angewendet werden können. Die Entscheidungsregel funktioniert nach dem Prinzip, eine neue Instanz der Klasse zuzuordnen, bei der die berechnete Wahrscheinlichkeit für diese Klasse am größten ist.
Dabei wird eine A-priori-Wahrscheinlichkeit mit den gewichteten bedingten Wahrscheinlichkeiten berechnet.

Kapitel **4** - Verfahren der Datenanalyse

Bei vielen Variablen wird die Berechnung der (optimalen) Bayes-Klassifikation sehr aufwendig, sodass als Näherung die **Naive Bayes-Klassifikation** als Verfahren angewendet werden kann. Alle Attribute werden dabei so behandelt als wären sie statistisch unabhängig. Damit entfällt die Notwendigkeit der Berechnung der bedingten „Kreuzwahrscheinlichkeiten" und der Berechnungsaufwand steigt nicht exponentiell mit der Anzahl der Variablen. Obwohl die Annahme der Unabhängigkeit der Variablen in der Praxis häufig verletzt wird, liefert die Naive Bayes-Klassifikation trotzdem gute Ergebnisse (zumindest für den Fall, dass sich die Korrelationen in Grenzen halten).

Die Funktion sieht dann so aus:

$$\arg\max_c P(C=c) \prod_{i=1}^{k} P(F_i=f_i|C=c)$$

Da so eine Formel kein Mensch versteht, soll das Prinzip der Naiven Bayes-Klassifikation an einem Beispiel erläutert werden.[8]

Wir haben Früchte, die mit drei Variablen beschrieben werden (Länge, Geschmack, Farbe). In der Tabelle sind die 1.000 Trainingsdaten dargestellt, mit denen das Klassifizierungsmodell erstellt werden soll.

	Länge		Geschmack		Farbe		Gesamt
	lang	kurz	süß	nicht süß	gelb	and. Farbe	
Banane	400	100	350	150	450	50	**500**
Orange	0	300	150	150	300	0	**300**
Sonst. Frucht	100	100	150	50	50	150	**200**
Gesamt	**500**	**500**	**650**	**350**	**800**	**200**	**1000**

---

[8] In Anlehnung an http://stackoverflow.com/questions/10059594/a-simple-explanation-of-naive-bayes-classification

Die A-priori-Wahrscheinlichkeiten sind:

$P_{(Banane)} = 0{,}5 \quad P_{(Orange)} = 0{,}3 \quad P_{(Sonst)} = 0{,}2$

$P_{(lang)} = 0{,}5 \quad P_{(süß)} = 0{,}65 \quad P_{(gelb)} = 0{,}8$

Likelihood – Ausprägungswahrscheinlichkeiten:

$P_{(lang\,|\,Banane)} = 0{,}8 \;(400/500) \quad P_{(lang\,|\,Orange)} = 0$ (es gibt keine langen Orangen)

.....

$P_{(and.\,Farbe\,|\,Orange)} = 0 \quad P_{(and.\,Farbe\,|\,Sonst.)} = 0{,}75 \;(150/200)$

Soll nun eine neue Frucht klassifiziert werden, die **lang, süß und gelb** ist:

1. So berechnet man zuerst die bedingte Wahrscheinlichkeit, dass die Frucht eine Banane, eine Orange oder eine andere Frucht ist:

    $P_{(Banane\,|\,lang,\,süß,\,gelb)} = 0{,}252$

    $P_{(Orange\,|\,lang,\,süß,\,gelb)} = 0$

    $P_{(Sonst.\,|\,lang,\,süß,\,gelb)} = 0{,}01875$

   Die Formel für die Berechnung ist das Produkt aus den Ausprägungswahrscheinlichkeiten mit der A-priori-Wahrscheinlichkeit, geteilt durch die A-priori-Wahrscheinlichkeiten der Variablen. Muss man nicht verstehen, sieht aber z. B. für die Banane so aus:

   $P_{(Banane\,|\,lang,süß,gelb)} = (P_{(lang\,|\,Banane)} * P_{(süß\,|\,Banane)} * P_{(gelb\,|\,Banane)} * P_{(Banane)})$
   $/ (P_{(lang)} * P_{(süß)} * P_{(gelb)})$

2. Danach wählt man den wahrscheinlichsten Wert aus, sofern man mit dem Unterschied der Wahrscheinlichkeit zufrieden ist. Da die lange,

süße, gelbe Frucht mit dem Wert 0,252 mehr als 10-fach so wahrscheinlich eine Banane als eine sonstige Frucht ist (0,01875), kann man die unbekannte neue Frucht „guten Gewissens" als Banane klassifizieren.

Die naive Bayes-Klassifikation wird häufig für die Klassifikation von Texten verwendet, beispielsweise in Spam-Filter, die E-Mails als Spam bzw. kein Spam kategorisieren.

4.4.5 Entscheidungsbäume

Entscheidungsbaum: Klassifikationsbäume, Regressionsbäume, Entscheidungswälder			
Absicht / Zweck	**Lernen**	**Analys. Daten**	**Ergebnis**
Klassifikation	Überwachtes Lernen	Nominalskala	Nominalskala
Prognose / Vorhersage		Ordinalskala	Ordinalskala
Segmentierung	Unüberwachtes Lernen	Kardinalskala	Kardinalskala
Abhängigkeitsanalyse			Entscheidungs-regeln / -baum
Abweichungsanalyse			

Entscheidungsbäume sind Baumstrukturen, die der Darstellung von Entscheidungsregeln dienen. Sie veranschaulichen hierarchisch aufeinanderfolgende Entscheidungen. Ihre Anwendungsgebiete umfassen dabei die automatische Klassifizierung und die Herleitung von formalen Regeln aus Erfahrungswissen. Ein Entscheidungsbaum besteht immer aus einem Wurzelknoten und beliebig vielen inneren Knoten sowie mindestens zwei Blättern. Dabei repräsentiert jeder Knoten eine logische Regel und jedes Blatt eine Antwort auf das Entscheidungsproblem.

Kapitel 4 - Verfahren der Datenanalyse

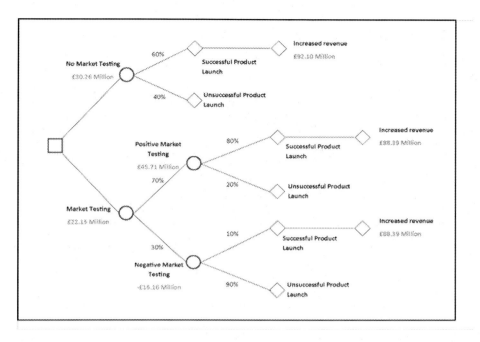

Abbildung 10 Quelle: http://mosaic.cnfolio.com/B302CW2011B135

Grundsätzlich lassen sich Entscheidungsbäume in zwei Varianten unterteilen: die Klassifikationsbäume und die Regressionsbäume.

- **Klassifikationsbäume** zeigen eine Auswahl von diskreten Klassen und deren Beziehungen untereinander.
- **Regressionsbäume** dienen der Prognose eines stetigen Wertes der abhängigen Variable.

Entscheidungsbäume können entweder von Experten manuell aufgestellt werden oder sie werden mit Techniken des maschinellen Lernens automatisch aus gesammelten Daten erstellt. Hierzu gibt es unterschiedliche Algorithmen.

- **CHAIDs** (Chi-square Automatic Interaction Detectors) konstruieren Entscheidungsbäume anhand von diskreten Attributen. Für die Wahl der Attribute wird beim CHAID-Algorithmus der Chi-Quadrat-Unabhängigkeitstest verwendet. CHAIDs kommen zur Anwendung, wenn eine Aussage über die Abhängigkeit zweier Variablen gemacht werden muss. Zur Begrenzung der Größe der Bäume kommen „Pruning"-Verfahren (zurechtstutzen) zum Einsatz. Die Erstellung der Bäume kann Bottom-Up oder Top-Down erfolgen.

- **CARTs** (Classification and Regression Trees) erzeugen Binärbaume, d. h. bei den Verzweigungen gibt es immer genau zwei Abzweigungen. Bei den CART-Entscheidungsbäumen sind die Attribute mit dem höchsten Informationsgehalt in Bezug auf die Zielgröße am weitesten oben im Baum zu finden. Die Entscheidungsschwellwerte ergeben sich jeweils durch die Optimierung der Entropie (Informationsgehalt) der Spalte.
- **ID3** wird verwendet, wenn bei großer Datenmenge viele verschiedene Attribute von Bedeutung sind und deshalb ein Entscheidungsbaum ohne große Berechnungen generiert werden soll. Somit entstehen meist einfache Entscheidungsbäume. Das Attribut mit dem höchsten Informationsgewinn bzw. der kleinsten Entropie wird gewählt und daraus ein neuer Baum-Knoten generiert. Das Verfahren endet, wenn alle Trainingsinstanzen klassifiziert wurden, d. h. wenn jedem Blattknoten eine Klassifikation zugeordnet ist.
- **C4.5 und C5.0** sind Nachfolger des ID3-Algorithmus. Die Algorithmen sind vergleichbar mit dem CART-Verfahren, es ist aber möglich, die Bäume in mehr als zwei Abzweigungen zu unterteilen. Dadurch werden die Bäume breiter (mehr Äste) und weniger tief (weniger Knoten).

Die Vorteile der Entscheidungsbäume liegen darin, dass sie in der Regel gut zu verstehen und zu interpretieren sind. Beispielsweise kann der Entscheidungsbaum zu einer Kreditentscheidung in Fließtext interpretiert werden: Einem nicht berufstätigen Studenten, der keine Bürgschaft seiner Eltern vorweisen kann, wird kein Kredit gewährt.

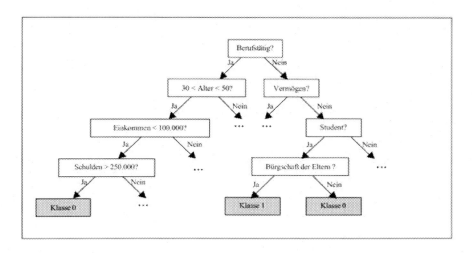

Abbildung 11: http://winf-wiki.fhslabs.ch/index.php?title=Data_Mining

Als Nachteil der Verfahren kann gesehen werden, dass Entscheidungsbäume häufig zu schlechteren Klassifikationsergebnissen führen als andere Verfahren (z. B. neuronale Netzwerke). Die Verständlichkeit der Regeln geht auf Kosten der Klassifikationsgüte. Außerdem besteht – je nach Verfahren und Art der Daten – die Gefahr, dass die Bäume zu groß und damit schwerer verständlich bzw. weniger aussagekräftig werden.

Eine Erweiterung der Entscheidungsbäume sind die Entscheidungswälder (Decision Forests). Dabei handelt es sich um den kombinierten Einsatz mehrerer Entscheidungsbäume. Über eine Kombination der Entscheidungsbäume anhand von Mehrheitsentscheidungen soll die Klassifikationsgüte erhöht werden.

4.4.6 Neuronale Netze

Künstliche neuronale Netze (KNN):			
Absicht / Zweck	**Lernen**	**Analys. Daten**	**Ergebnis**
Klassifikation	Überwachtes Lernen	Nominalskala	Nominalskala
Prognose / Vorhersage		Ordinalskala	Ordinalskala
Segmentierung	Unüberwachtes Lernen	Kardinalskala	Kardinalskala
Abhängigkeitsanalyse			
Abweichungsanalyse			

Jetzt erreichen wir den heiligen Gral der Verfahren. Für Data-Science-Verhältnisse wird es fast schon esoterisch, denn das Thema neuronale Netze umgibt eine geheimnisvolle Aura der Macht, mit dem tatsächlich eine künstliche Intelligenz erschafft wird. Dabei sind neuronale Netze einerseits viel banaler als es ihnen unterstellt wird. Es handelt sich lediglich um eine Kombination aus mathematischer Matrizenrechnung und einem Ablaufschema (Lernalgorithmus), mit dem iterativ Verbesserungen ermöglicht werden sollen.

Ich wiederhole: Ein bisschen Matrizenrechnung und einige Vorgehensregeln, wie man die Matrizenrechnung anwendet. Das war's. Keine „Rocket Science" und keine Frankenstein'sche Alchemie.

Auf der anderen Seite werden neuronale Netze aber tatsächlich im Bereich der künstlichen Intelligenz eingesetzt und ermöglichen – gerade in den letzten Jahren – Entwicklungen, die zu Erstaunen geführt haben.

Aus diesem Grund wird im folgenden Abschnitt etwas ausführlicher auf das Thema eingegangen, sodass die Möglichkeiten, aber auch die Grenzen des Verfahrens, richtig eingeordnet werden können.

Mit künstlichen neuronalen Netzen (KNN) wird versucht, mit Computern Mechanismen nachzubilden, wie sie im menschlichen Gehirn vorkommen. Ziel ist es, dem Computer das Lernen beizubringen. Der Computer wird nicht programmiert, und folgt dann dem Programmablauf, sondern er soll selbständig lernen.

Das menschliche Gehirn besteht aus ca. 80 bis 100 Milliarden Nervenzellen (Neuronen), die über sogenannte Synapsen verbunden sind und damit ein riesiges Netzwerk bilden. In einem KNN wird versucht, die Grundidee des Gehirns „im Kleinen" nachzubilden. Eine Definition des künstlichen neuronalen Netzes lautet:[9]

> „Ein Neuronales Netz ist ein sortiertes Tripel (N, V, w) mit zwei Mengen N, V sowie einer Funktion w, wobei N die Menge der Neurone bezeichnet und V eine Menge $\{(i, j) | i, j \in N\}$ ist, deren Elemente Verbindungen von Neuron i zu Neuron j heißen. Die Funktion $w : V \rightarrow R$ definiert die Gewichte, wobei w((i, j)), das Gewicht der Verbindung von Neuron i zu Neuron j, kurz mit $w_{i,j}$ bezeichnet wird."

Alles klar? Sollte es doch noch nicht ganz klar sein, dann tasten wir uns an das Thema langsam ran. Ein KNN besteht aus:

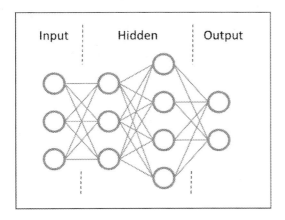

---

[9] Kriesel, S. 36

- **Einheiten** (Units). Die Einheiten lassen sich in verschiedene Ebenen (**Layers**) zusammenfassen. Neben den obligatorischen Input und Output Layers gibt es oft noch einen oder mehrere Hidden Layers.

- Verbindungen (**Kanten**) der Einheiten. Die Stärke der Verbindung wird durch ein **Gewicht** ausgedrückt.

- Die Einheiten verfügen über einen Wert der **Aktivierung**, der beschreibt ob und wie aktiv eine Einheit ist. Das ist sozusagen der Schaltzustand der Einheit. Der Aktivierungsgrad hat Einfluss darauf, wie eine Einheit auf den Input der anderen Einheiten reagiert und bestimmt den Output der Einheit.

- Die Struktur des Netzwerkes wird als **Topologie** bezeichnet.

- Die **Aktivierungsfunktion** beschreibt den funktionalen Zusammenhang zwischen dem Input und dem Output einer Einheit.

- Der gesamte Input einer Unit wird **Netzinput** genannt. Dieser wird über die sog. **Propagierungsfunktion bzw. Übertragungsfunktion** bestimmt. Die verbreitetste Übertragungsfunktion ist eine Linearkombination, bei der sich der Netzinput additiv aus sämtlichen gewichteten Inputs zusammensetzt, die das Neuron von anderen Neuronen erhält.

- Das **Wissen** des Netzwerks besteht aus der Gesamtheit der Gewichte der einzelnen Kanten. Als Ausgangswerte werden in der Regel Zufallswerte angenommen.

- **Lernen** erfolgt durch iteratives Anpassen der Gewichtungen nach unterschiedlichen Lernalgorithmen.

Schauen wir uns dies zur Erläuterung einmal an einem Beispiel für eine beliebige Einheit an:

Kapitel **4** - Verfahren der Datenanalyse

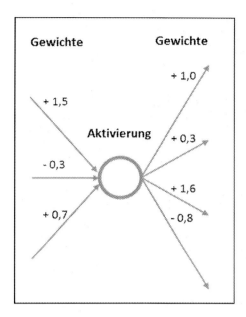

Ausgangspunkt sind gegebene Werte für die Gewichte der Kanten. Der Wert für die Aktivierung und den Output der Einheit in Abhängigkeit vom Input in das Netzwerk ergibt sich über folgenden Zusammenhang:

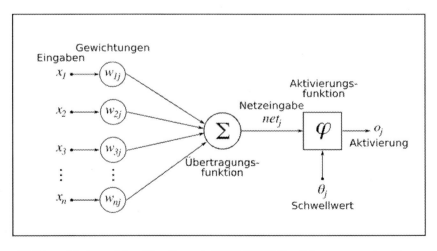

Abbildung 12: https://de.wikipedia.org/wiki/K%C3%BCnstliches_neuronales_Netz

Der Input x_1 bis x_n entspricht dem Output der entsprechenden vorangegangen Knoten. Dieser wird mit den Kantengewichten multipliziert und summiert (die Übertragungsfunktion ist also annahmegemäß einfach die Summe der gewichteten Eingaben x_1 bis x_n).

Im Beispiel sähe das so aus:

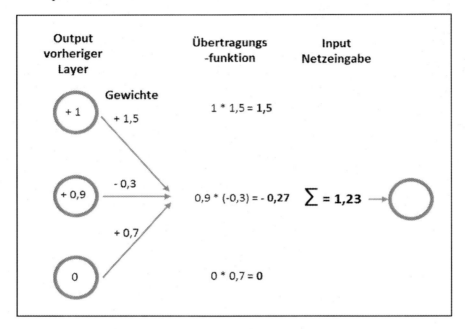

Die Werte für den Output der Einheiten des vorherigen Layers sind im Beispiel willkürlich gewählt und sollen an dieser Stelle nicht interessieren. Die Übertragungsfunktion summiert hier die gewichteten Outputs und so erhalten wir den Input (die Netzeingabe) für die Einheit in Höhe von 1,23.

Aus diesem Input wird über die **Aktivierungsfunktion** der Aktivierungswert berechnet. Es handelt sich um eine funktionale Zuordnung des Inputs mit der Aktivierung der Zelle. Die Aktivierungsfunktion kann unterschiedliche Ausprägungen einnehmen:

- Lineare Funktion

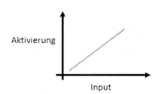

- Lineare Funktion mit Schwellenwert

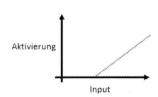

- Binäre Funktion

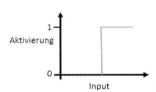

- Sigmoide (z. B. logistische) Funktion

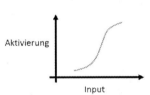

Nehmen wir für unser Beispiel an, dass die Aktivierungsfunktion eine lineare Funktion ohne Schwellenwert mit der „Steigung" 0,5 ist und die Aktivierung dem Output entspricht: Aktivierung = 0,5 * Input = Output = 0,615

Kapitel 4 - Verfahren der Datenanalyse

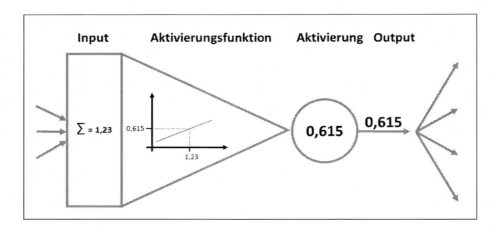

Es kann aber auch festgelegt werden, dass die Aktivierung nicht dem Output entspricht, sondern z. B. den Faktor darstellt, mit dem die Aktivierung aus dem vorangegangenen „Durchgang" multipliziert wird. Alternativ könnte auch der Mittelwert aus den beiden Werten ermittelt werden.

Damit wurde die Berechnung einer Einheit erläutert. In der Regel geht man dann von „links nach rechts" vor, d. h. ausgehend vom Input in die Input-Elemente werden die Aktivierungen der einzelnen Elemente in den Hidden Layers und zum Schluss im Output Layer berechnet.

Aus diesem Grundprinzip des KNN ergeben sich nun mehrere Fragen bzw. Handlungsoptionen:

- Soll das KNN für ein **überwachtes** oder **unüberwachtes Lernen** eingesetzt werden, oder anders ausgedrückt: Liegen gelabelte Lerndaten vor (also Trainingsdaten, für die Input- und Output-Werte vorliegen) oder soll mit dem KNN eine Datenmenge mit nicht vorhandenen Output-Werten zur Erkennung von Mustern verwendet werden? Im ersten Fall müssen über einen **Lernalgorithmus** die Gewichtungen der Kanten solange angepasst werden, bis das Netz die Trainingsdaten hinreichend gut wiedergibt. Im zweiten Fall muss der Lernalgorithmus die Gewichtungen im Netz solange anpassen, bis das Lernziel (z. B. die

Mustererkennung oder die Clusterbildung) hinreichend gut erfüllt ist. Es müssen also die für das Ziel des Lernens geeigneten Lernregeln ausgewählt werden. Auf die Lernregeln wird weiter unten eingegangen.
- Welche **Topologie** soll mein KNN haben? Wie viele Knoten und wie viele Hidden Layers soll das Netz haben? Neuronale Netze ohne Hidden Layers werden als **kompetitive Netze** bezeichnet.
- Wie ist die **Richtung** der Verbindungen? Die Verbindungen können ausschließlich in eine Richtung (von „links nach rechts") und immer nur zwischen zwei benachbarten Layers vorkommen (**Feedforward Netze**), oder aber es sind **Rückkopplungen** in die andere Richtung (indirekte Rückkopplung), im selben Layer (seitliche Rückkopplung), oder sogar mit derselben Unit (direkte Rückkopplung) möglich.
- Welche **Aktivierungsfunktion** soll ausgewählt werden? Soll die „alte" Aktivierung einer Unit verwendet werden oder soll der Output der Unit der Aktivierung entsprechen?

Aus dieser Aufstellung wird deutlich, dass die Schwierigkeit der Anwendung neuronaler Netze auch in der schieren Anzahl an Ausprägungen und „Einstellungen" liegt, die möglich ist. Die Auswahl der richtigen Netztopologie, der richtigen Aktivierungsfunktionen und des richtigen Lernalgorithmus lässt sich nicht allgemeingültig bewerkstelligen. Darüber hinaus gibt es zahlreiche weitere „Stellregler", die angepasst werden können.

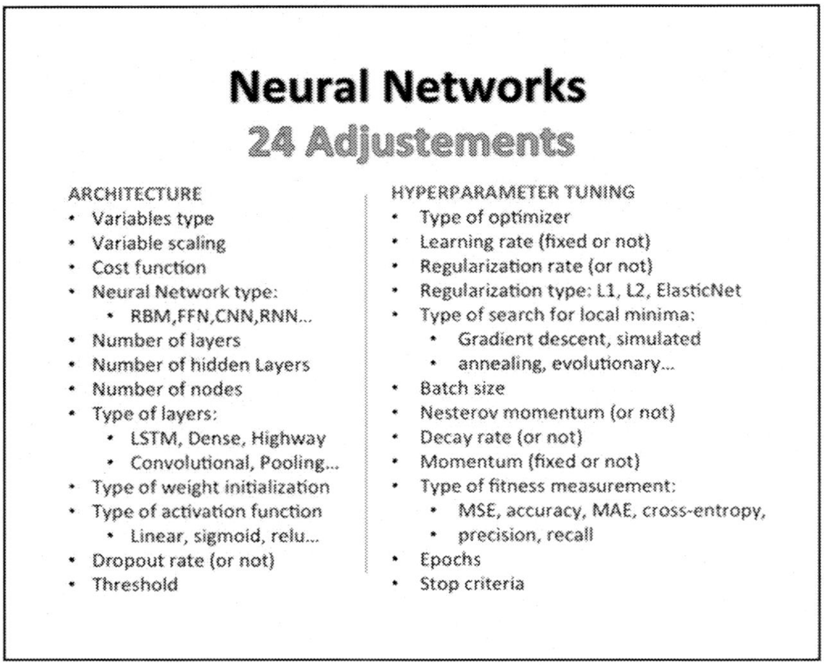

Kapitel 4 - Verfahren der Datenanalyse

Neural Networks
24 Adjustements

ARCHITECTURE
- Variables type
- Variable scaling
- Cost function
- Neural Network type:
  - RBM, FFN, CNN, RNN...
- Number of layers
- Number of hidden Layers
- Number of nodes
- Type of layers:
  - LSTM, Dense, Highway
  - Convolutional, Pooling...
- Type of weight initialization
- Type of activation function
  - Linear, sigmoid, relu...
- Dropout rate (or not)
- Threshold

HYPERPARAMETER TUNING
- Type of optimizer
- Learning rate (fixed or not)
- Regularization rate (or not)
- Regularization type: L1, L2, ElasticNet
- Type of search for local minima:
  - Gradient descent, simulated
  - annealing, evolutionary...
- Batch size
- Nesterov momentum (or not)
- Decay rate (or not)
- Momentum (fixed or not)
- Type of fitness measurement:
  - MSE, accuracy, MAE, cross-entropy,
  - precision, recall
- Epochs
- Stop criteria

Abbildung 13: http://www.datasciencecentral.com/profiles/blogs/24-neural-network-adjustements

Es liegt dann in der Erfahrung, aber auch in der Bereitschaft des Anwenders, mit dieser Unsicherheit umzugehen.

In den folgenden zwei Abschnitten sollen zuerst unterschiedliche Lernalgorithmen kurz vorgestellt und danach das Thema Netztopologie beleuchtet werden.

Lernalgorithmen – Lernregeln

Das Wissen des neuronalen Netzes liegt in den Gewichtungen der Kanten. Lernen bedeutet also, solange die Gewichte anzupassen, bis das Ergebnis „passt". Um die Gewichte in der Trainingsphase zu modifizieren, benötigt man folglich eine Lernregel, die angibt, wie die Veränderungen vorgenommen werden sollen. Eine Lernregel stellt dabei einen Algorithmus dar, der darüber Auskunft gibt, welche Gewichte des neuronalen Netzes wie stark erhöht oder reduziert werden sollen.

Es gibt unterschiedliche Lernregeln, in Abhängigkeit davon, ob es sich um ein KNN mit **Hidden Layer** handelt oder nicht.

Außerdem können Lernalgorithmen in die beiden Klassen der überwachten und der nicht überwachten Verfahren eingeteilt werden. Beim **überwachten Lernen** wird die vom Netz erzeugte Ausgabe betrachtet und ihre Abweichung von der gewünschten Ausgabe gemessen. Danach werden die Gewichte entsprechend der Größe der Abweichung angepasst. Eine Untergruppierung des überwachten Lernens ist das **bestärkende Lernen** (Reinforced Learning). Hierbei liegen keine Informationen über die Höhe der Abweichung vom gewünschten Wert vor, sondern es ist lediglich die Abweichung bekannt.

Das **unüberwachte Lernen** setzt keinen Lehrer voraus, d. h. für die Eingabewerte der Trainingsdaten ist die richtige Ausgabe nicht bekannt. Das Netz muss sich selber organisieren, d. h. die Gewichtungen anpassen, um Muster zu erkennen und z. B. Gruppierungen (Cluster) der Datensätze vorzunehmen.

In der folgenden Tabelle sind wichtige Lernregeln für die unterschiedlichen Netzarten aufgeführt.

	Zweistufiges Netz	**Mehrstufiges Netz (Hidden Layer)**
Überwachtes Lernen	- Delta-Regel	- Gradientenverfahren - Backpropagation - BFGS - Levenberg-Marquardt - CG-Verfahren
Bestärkendes Lernen	- Temporal Difference Learning - SARSA	
Unüberwachtes Lernen	- Adaptive Resonanztheorie - Hebb'sche Lernregel	- Competitive Learning - Kohonen-Netze

Netztopologie

Es gibt unzählige Ausprägungen an Netzwerken. Ein wichtiges Merkmal ist die Frage, ob und wieviele Hidden Layers vorhanden sind. Bei mehr als einem Hidden Layer spricht man häufig von **Deep Learning,** ein Begriff, der zwar meiner Meinung nach einen falschen Eintruck vermittelt, aber sich einfach durchgesetzt hat.

Eine sehr umfassende Übersicht über verschiedene Arten von neuronalen Netzen hat Fjodor van Veen vorgenommen.

Kapitel 4 - Verfahren der Datenanalyse

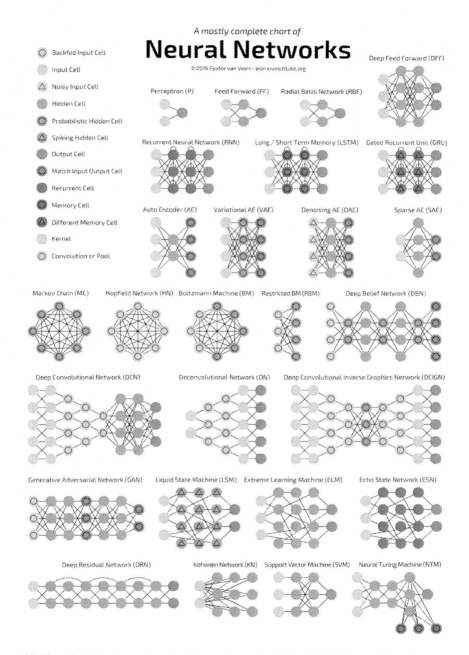

Abbildung 14: http://www.asimovinstitute.org/wp-content/uploads/2016/09/neuralnetworks.png

Neuronale Netze sind in ihrem Einsatzgebiet und in ihrer Ausgestaltung sehr flexibel. Sie werden für Klassifizierungen, Prognosen und Clustering-Aufgaben angewendet. Insbesondere im Bereich der Bild-, Schrift- und Spracherkennung werden sie erfolgreich eingesetzt.

Kritisch gesehen wird, dass neuronale Netze eine Black Box darstellen, deren Ergebnisse manchmal nur schwer zu erklären sind. Die Gestaltung eines Netzwerkes wird oft als willkürlich angesehen und es besteht die Gefahr der Überanpassung (Overfitting) des Netzes an die Trainingsdaten. Das Netz liefert dann perfekte Ergebnisse für die Trainingsdaten, stellt sich aber ungeeignet für „neue" Daten heraus. Je komplizierter (tiefer) die Struktur der Netze ist, umso rechenaufwendiger werden die Verfahren.

Dank der gestiegenen Rechenleistung aktueller Computer und immer neuer Deep-Learning-Bibliotheken erfahren neuronale Netze aber derzeit geradezu eine Renaissance in ihrer Anwendung. Die Ergebnisse in vielen Einsatzgebieten sind sehr erfolgsversprechend.

Bei aller berechtigter Euphorie sollte man in der Erwartungshaltung aber auf dem Boden bleiben. Man darf nicht vergessen: Ein menschliches Gehirn besteht aus 80 bis 100 Milliarden Neuronen. Davon sind künstliche neuronale Netze noch „meilenweit" entfernt.

4.4.7 Regression

Regressionsanalyse: Lineare Regression (univariat, multivariat), logistische Regression, nichtparametrische Regression			
Absicht / Zweck	**Lernen**	**Analys. Daten**	**Ergebnis**
Klassifikation	Überwachtes Lernen	Nominalskala	Nominalskala
Prognose / Vorhersage		Ordinalskala	Ordinalskala
Segmentierung	Unüberwachtes Lernen	Kardinalskala	Kardinalskala
Abhängigkeitsanalyse			
Abweichungsanalyse			

Die Regression kann als die „Mutter aller Verfahren" bezeichnet werden. Das liegt einerseits daran, dass sie in ihrer einfacheren Ausprägung als lineare Regression gut verständlich und damit nachvollziehbar ist, aber auch daran, dass die im Verfahren eingesetzten Methoden in vielen anderen Verfahren eine analoge Anwendung finden. Als Prognoseverfahren sie in vielen Anwendungsfällen eingesetzt werden und ist sicher das am häufigsten verwendete Schätzmodell in der Praxis.

Der einfachste Fall ist die lineare univariate Regression, also mit jeweils einer metrischen abhängigen und unabhängigen Variablen. Es wird ein linearer Zusammenhang zwischen den Variablen vermutet.

Kapitel 4 - Verfahren der Datenanalyse

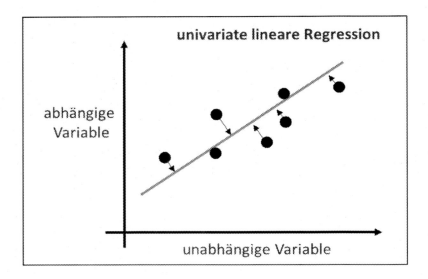

Als Beispiel kann man die Abhängigkeit des Umsatzes eines Produktes von den Ausgaben für Werbung anführen. Die Punkte stellen Ergebnisse aus verschiedenen Zeitpunkten dar. Die Y-Achse (abhängige Variable) ist der Umsatz, auf der X-Achse (unabhängige Variable) ist die Höhe der Werbeausgaben abgetragen.

Der Zusammenhang der beiden Variablen kann mit einer linearen Funktion dargestellt werden (auf die statistischen Annahmen wie z. B. einer zugrunde gelegten Normalverteilung der Zufallskomponente soll hier nicht eingegangen werden):

$$y = \beta_0 + \beta_1 x_1$$

Man versucht nun, die Regressionsgerade so in die Punktewolke einzupassen, dass die Abstände der Punkte von der Gerade minimiert werden (wie so häufig wird hierbei das Quadrat der Abstände genommen).

Wenn man mit den statistischen Gütezahlen zufrieden ist (also z. B. den normalisierten quadrierten Abweichungsdistanzen), erhält man dann ein gut verständliches Modell, das für die Prognose verwendet werden kann.

Umsatz = 5.274 + 3,76 x

Neben dem „Grundrauschen" von etwa 5.300 € bringt jeder in Werbung investierte Euro ein Umsatzplus von 3,76 €.

An dem Beispiel wird schnell deutlich, dass sich die Realität selten mit einer so einfachen univariaten Gleichung abbilden lässt. Man wird daher:

- Weitere erklärende Variablen miteinbeziehen wollen. Dadurch bekommt man eine nicht mehr so einfach zu visualisierende multivariate Regression.
$$y = \beta_0 + \beta_1 x_1 + \beta_2 x_2 + \cdots + \beta_k x_k$$

- Das Schätzverfahren ändern. Durch das Quadrieren der Abstände haben einzelne Ausreißer eine relativ große Auswirkung auf die Regressionsfunktion, die man eventuell begrenzen möchte (z. B. „M-Schätzer").
- Keinen linearen Zusammenhang annehmen, sondern versuchen, die Art des funktionalen Zusammenhangs anhand der Daten herzuleiten.

Eine häufig verwendete Form der Regression ist die **logistische Regression** oder Logit-Modell. Darunter versteht man eine Regressionsanalyse zur Modellierung der Verteilung diskreter abhängiger Variablen, z. B. im Falle von Ja-Nein-Entscheidungen (z. B. ob der Kunde kreditwürdig ist oder nicht).

Kapitel 4 - Verfahren der Datenanalyse

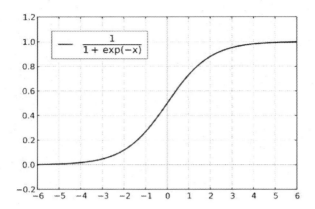

Man könnte derartige Entscheidungsmodelle auch mit einer linearen Regression lösen, wobei man dann einen Wert für y als Grenze zwischen „Ja" und „Nein" definiert. Das führt dazu, dass Werte knapp an diesem Wert relativ willkürlich in die eine oder andere Klasse zugeordnet würden. Die logistische Verteilfunktion mit ihrer hohen Steigung im „Mittelteil" der Kurve teilt sozusagen das „Ja" besser von dem „Nein", da der Bereich in der Nähe des Cutoffs sehr steil ist und damit nur wenige Werte „betrifft".

Eine Verallgemeinerung der logistischen Regression ist die **Soft Max Regression / Multi-class Logistic Regression.** Hier wird von mehreren Klassen ausgegangen, wobei die Wahrscheinlichkeit errechnet wird, dass ein Wert zu einer bestimmten Klasse gehört. Die Summe der Wahrscheinlichkeiten ist 1.

Kapitel 4 - Verfahren der Datenanalyse

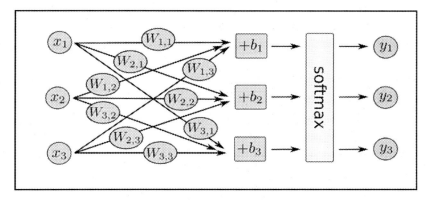

Abbildung 15: Quelle: https://www.tensorflow.org/get_started/mnist/beginners

Dieses Verfahren wird z. B. in der Handschrifterkennung angewendet. Der Input (x_1, x_2 und x_3) wären dann im Beispiel die Bildpunkte eines Sensors und die Klassen (y_1, y_2 und y_3) die Ziffern. Die Soft-Max-Regressionsfunktion gibt dann die Wahrscheinlichkeit an, ob ein Bild eine bestimmte Ziffer darstellt. Die Summe der Wahrscheinlichkeiten ist 1. Das Verfahren weist eine Verwandtschaft zu neuronalen Netzen auf.

Nichtlineare Regression

Durch die nichtlineare Regression wird der Anwendungsbereich der Regressionsanalyse erweitert. Es lassen sich nahezu beliebige Modellstrukturen bilden. Eine Schätzung der Regressionskoeffizienten ist nur iterativ möglich, wodurch sich nicht nur der Rechenaufwand im Vergleich zur linearen Regression erhöht. Ein deutlicher Nachteil der nichtlinearen Regression ist es auch, dass keine statistischen Tests zur Prüfung der Güte eines Modells oder der Signifikanz der Parameter zur Verfügung stehen.[10]

---

[10] Vgl. Backhaus (2015), S. 24f

4.4.8 Zeitreihenanalyse

Zeitreihenanalyse:

Absicht / Zweck	Lernen	Analys. Daten	Ergebnis
Klassifikation	Überwachtes Lernen	Nominalskala	Nominalskala
Prognose / Vorhersage		Ordinalskala	Ordinalskala
Segmentierung	Unüberwachtes Lernen	Kardinalskala	Kardinalskala
Abhängigkeitsanalyse			
Abweichungsanalyse			

Eine Zeitreihe ist eine zeitabhängige Folge von Datenpunkten. Die Zeitreihenanalyse beschäftigt sich mit der statistischen Analyse von Zeitreihen und der Prognose ihrer künftigen Entwicklung. Sie ist eine Spezialform der Regressionsanalyse.

Die Vorgehensweise im Rahmen der Zeitreihenanalyse lässt sich in folgende Phasen einteilen:

- **Identifikation**: Identifikation eines geeigneten Modells für die Modellierung der Zeitreihe.
- **Schätzung**: Schätzung von geeigneten Parametern für das gewählte Modell.
- **Diagnose**: Diagnose und Evaluierung des geschätzten Modells.
- **Prognose**: Einsatz des Modells zu Prognosezwecken.

Die Zeitreihe ähnelt der Regression, da versucht wird, eine gegebenen Datenmenge so durch eine Gerade (oder eine andere Funktion) zu vereinfachen, dass damit die zukünftige Entwicklung vorausgesagt werden kann. Im Gegensatz zur Regression geht man aber davon aus, dass die Abweichungen von der Geraden (der Regressionsfunktion) nicht nur auf Modellfehler und Zufallsabweichungen zurückzuführen sind, sondern dass es zusätzlich z. B. saisonale

Schwankungen gibt. Das Zeitreihenmodell versucht dann, diese Saisonalität zu beachten und aus dem Trend herauszurechnen.

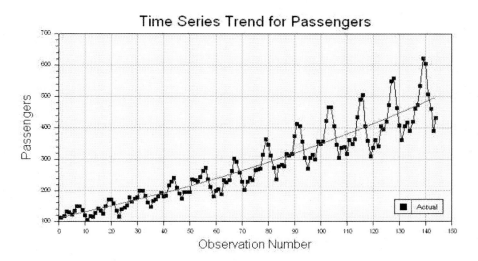

Abbildung 16: Quelle: https://www.dtreg.com/uploaded/pageimg/TsTrend_1.jpg

Bei der Erstellung des Modells sollte man daher Wissen bzw. eine Vermutung haben bzgl.:

- Saisonalität (wie lange ist eine Saison?)
- Trend (handelt es sich beispielsweise um einen linearen Trend, um eine logistische Wachstumskurve oder gar um einen „Wachstumsbuckel" mit anschließendem Rückgang?)

Die Werte, die vom Trend und der Saisonalität abweichen, sind dann der Restwert, der die statistische Streuung bzw. Modellungenauigkeit darstellt.

Kapitel 4 - Verfahren der Datenanalyse

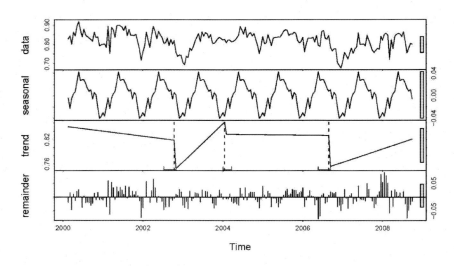

Abbildung 17: Quelle: http://bfast.r-forge.r-project.org/seasonalbreak_TreeMort.jpg

Mit dem so erstellten Zeitreihenmodell können dann Prognosen abgegeben und Abweichungen der tatsächlich eintretenden Werte im Zeitverlauf mit der Prognose erkannt werden.

4.4.9 Kollaboratives Filtern

Kollaboratives Filtern			
Absicht / Zweck	**Lernen**	**Analys. Daten**	**Ergebnis**
Klassifikation	Überwachtes Lernen	Nominalskala	Nominalskala
Prognose / Vorhersage		Ordinalskala	Ordinalskala
Segmentierung	Unüberwachtes Lernen	Kardinalskala	Kardinalskala
Abhängigkeitsanalyse			*Empfehlung*
Abweichungsanalyse			

Das kollaborative Filtern (Collaborative Filtering) ist ein Verfahren, das oft von Empfehlungsdiensten (Recommendation Engines) angewendet wird. Online-Shops empfehlen z. B. einem Kunden ein weiteres passendes Produkt, oder Streaming-Portale empfehlen einen Film oder einen Musiktitel. Dabei werden Verhaltensmuster von Benutzern ausgewertet, um auf die Interessen Einzelner zu schließen und damit eine Vorhersage von Interessen für andere Benutzer zu ermöglichen.

Dabei gibt es grundsätzlich zwei Betrachtungsweisen:

- **Personenbezogen**: Anhand der Aktionen vergleichbarer Personen werden Empfehlungen gegeben („Kunden die xy kaufen, kaufen auch yz"). Man schaut dabei nach Personengruppen, die ein vergleichbares Bewertungs- bzw. Kaufmuster wie der aktive Benutzer haben, um dann anhand der Ratings bzw. Käufe dieser Benutzergruppe eine Empfehlung zu geben und damit implizit eine Prognose über das Verhalten des aktiven Benutzers zu machen.

- **Objektbezogen**: Ausgehend vom Produkt wird ein ähnlich bewertetes Produkt empfohlen. Wird in einem Videostreamingdienst ein Film positiv bewertet, so wird ein vergleichbarer Film empfohlen („Sie haben sich xy anschaut, deshalb empfehlen wir yz"). Dazu wird eine Objekt-Objekt-Matrix erstellt, um Zusammenhänge von Objektpaaren aufzudecken. Der aktive Nutzer wird dieser Matrix zugeordnet, um daraus eine Empfehlung für ein „passendes" Objekt abzuleiten.

In beiden Fällen werden Informationen über das Verhalten und Vorlieben von möglichst vielen Nutzern gesammelt. Die zu Grunde liegende Annahme des kollaborativen Filtern ist, dass wenn zwei Personen dieselben Vorlieben zu ähnlichen Produkten haben, sie sich auch in anderen Produkten einig sein sollten. Daher auch der Begriff der Kollaboration.

Die Verfahren, die dabei angewendet werden, um vergleichbare Nutzer bzw. Objektgruppen zu finden, gehen von einfachen Distanzbetrachtungen (z. B.

Nearest Neighbour) bis zur Kombinationen von mehreren Verfahren, wie Faktorenanalyse (oder andere dimensionsreduzierende Verfahren), Bayes-Netzwerke, Clustering, Markov'sche Prozessketten und andere heuristikbasierte Verfahren.

Eine Herausforderung für die Anwendung der Verfahren stellt die Tatsache dar, dass sich die Bewertungsmatrizen ständig ändern und dass es über neue Nutzer noch kein Erfahrungswissen gibt, auf dem dessen Einordnung basieren könnte. Dem kann dadurch Rechnung getragen werden, dass mit „Default-Werten" gearbeitet wird und für Erstnutzer einfachere objektbasierte Empfehlungen angewendet werden, während bekannten Nutzern, über die viele Daten vorliegen, auf Basis von personenbezogenen Verfahren eine Empfehlung gegeben wird.

4.4.10 Clustering

Clusteranalyse: hierarchisch, partitionierend, graphentheoretisch, optimierend			
Absicht / Zweck	**Lernen**	**Analys. Daten**	**Ergebnis**
Klassifikation	Überwachtes Lernen	Nominalskala	Nominalskala
Prognose / Vorhersage		Ordinalskala	Ordinalskala
Segmentierung	Unüberwachtes Lernen	Kardinalskala	Kardinalskala
Abhängigkeitsanalyse			Cluster / Gruppen
Abweichungsanalyse			

Die Clusteranalyse ist ein Verfahren zur Bündelung bzw. Gruppierung von Objekten. Das Ziel ist dabei, die Objekte so zu Gruppen (Clustern) zusammenzufassen, dass die Objekte in einer Gruppe sich möglichst ähnlich und die Gruppen untereinander sich möglichst unähnlich sind. Da im Gegensatz zu klassifizierenden Verfahren (z. B. Diskriminanzanalyse) die Gruppen vor der Anwendung der Analyse nicht bekannt sind, sondern stattdessen das Ergebnis der Verfahrensanwendung darstellen, handelt es sich um ein Verfahren des unüberwachten Lernens.

Clusteranalysen werden häufig eingesetzt als:

- Grundlage einer Markt- bzw. Kundensegmentierung,
- Grundlage zur anschließenden, automatischen Klassifizierung von Daten,
- Im Bereich der Bilderkennung.

Bildlich kann man sich die Clusteranalyse als ein Verfahren vorstellen, das Punktewolken (die Punkte stellen die einzelnen Datensätzen in einem n-dimensionalen Raum dar, wobei die n-Dimensionen den Variablen entsprechen) zu ähnlichen Gruppen zusammenfasst. Ein Cluster stellt dann eine Punktewolke dar, die ähnliche Punkte zusammenfasst. Vereinfacht auf zwei Dimensionen stellt sich das so dar:

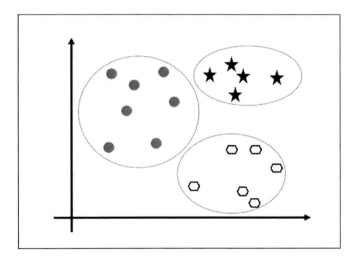

Es gibt sehr viele unterschiedliche Verfahren der Clusteranalyse. Die Verfahren unterscheiden sich unter anderem nach den folgenden Fragestellungen:

- Wie erfolgt die **Gruppeneinteilung?** Sind die Zuteilungen zu Gruppen eindeutig, überlappend oder „fuzzy", d. h. „schwammig" mit Wahrscheinlichkeiten versehen.

- Welches **Ähnlichkeitsmaß** wird angewendet? Die Gruppen werden so gebildet, dass die Ähnlichkeit *in* den Gruppen und die Unterschiede *zwischen* den Gruppen möglichst groß sind. Ähnlichkeit kann bedeuten, dass der Abstand (im Quadrat, logistisch oder linear) der einzelnen Punkte vom Gruppenmittelpunkt minimiert wird, während gleichzeitig der Abstand der Mittelpunkte maximiert wird (k-Means Clustering). Die Proximitätsbestimmung kann aber auch nach anderen Kriterien erfolgen, sodass – bildlich gesprochen – die Cluster nicht nur Kreise, sondern auch andere Formen darstellen können (dichtebasiertes Clustering).

- Welche **Skalierung** haben die Daten? Je nach Skalenniveau der untersuchten Daten werden andere Proximitätsmaße angewendet: Bei binären Skalen z. B. der Jaccard-Koeffizient oder das Lance-Williams-Maß; bei Nominal-Skalierung das Chi-Quadrat-Maß und bei metrischer Skalierung der Pearson-Korrelationskoeffizient oder euklidische Metrik.

- Welches **Verfahren** wird angewendet? Es gibt **hierarchische Verfahren**. Die hierarchisch agglomerativen Verfahren gehen zuerst von genau so vielen Clustern wie Datensätzen aus und agglomerieren (fusionieren) die Cluster solange, bis die Clusteranzahl und die Kennwerte den Anforderungen entsprechen. Bei den divisionalen Verfahren wird umgekehrt vorgegangen. Startend mit einem einzigen Cluster werden Schritt für Schritt neue Gruppen gebildet. Bei den **partitionierenden Clusterverfahren** wird von einer gegebenen Anzahl an Clustern ausgegangen, die solange „verschoben" werden, bis die o. g. Optimierungskriterien (Abstand in der Gruppe versus Abstand der Gruppen untereinander) gegeben sind. Daneben gibt es **dichtebasierte Verfahren**, die Gruppen nach der Dichte der Punktewolke

Kapitel **4** - Verfahren der Datenanalyse

gruppieren und **kombinierte Verfahren,** die die anderen Verfahren kombinieren.

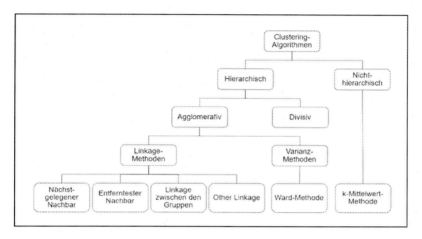

Abbildung 18: http://www.methodenberatung.uzh.ch/de/datenanalyse/interdependenz/gruppierung/cluster.html

Den Clusterverfahren ist gemeinsam, dass die Ergebnisse nicht ohne Sachverständnis analysiert und interpretiert werden sollten. Die Ergebnisse können in einem Dendrogramm dargestellt werden. Dabei wird aber deutlich, dass dies nur im Fall einer begrenzten Anzahl an Daten-sätzen sinnvoll ist.

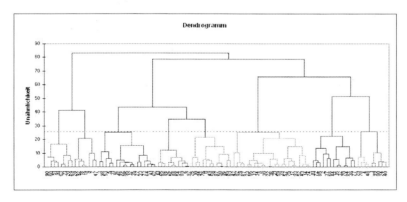

Abbildung 19: https://cdn.xlstat.com/img/tutorials/cahmx6d.gif

137

4.4.11 Assoziationsanalyse

Assoziationsanalyse - Association rule learning:			
Absicht / Zweck	**Lernen**	**Analys. Daten**	**Ergebnis**
Klassifikation	Überwachtes Lernen	Nominalskala	Nominalskala
Prognose / Vorhersage		Ordinalskala	Ordinalskala
Segmentierung	Unüberwachtes Lernen	Kardinalskala	Kardinalskala
Abhängigkeitsanalyse			
Abweichungsanalyse			

Die Assoziationsanalyse hat das Ziel, Zusammenhänge und Abhängigkeiten in einer Datenbasis zu entdecken. Es geht um die Aufdeckung von „Wenn-Dann"-Zusammenhängen aus v. a. transaktionalen Daten. Durch die Analyse z. B. von Warenkörben, also der Produkte, die innerhalb eines Einkaufs erworben wurden, sollen Muster erkannt werden.

Als Gütekriterien, die die Stärke der Zusammenhänge zwischen den Objekten wiedergeben, werden verschiedene Maßzahlen verwendet. Der Support, die Konfidenz und der Lift als Bedeutungsindikator.

- **Support**: Relative Häufigkeit der Beispiele, in denen ein Produkt vorkommt
- **Konfidenz**: Relative Häufigkeit der Beispiele, in denen die Regel richtig ist.
- **Lift**: Der Lift gibt an, wie hoch der Konfidenzwert für die Regel den Erwartungswert übertrifft, er zeigt also die generelle Bedeutung einer Regel an.

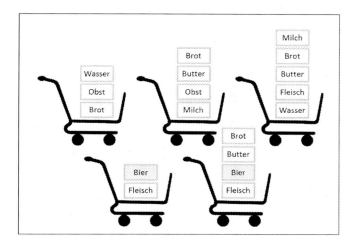

Am Beispiel der oben dargestellten Warenkörbe soll die Regel

  „Wenn ein Kunde Bier kauft → *dann kauft er auch Fleisch"*

dargestellt werden:

- Der **Support** beträgt 40 % für Bier (2 von 5 Warenkörbe enthalten Bier), 60 % für Fleisch (3 von 5) und 40 % für die Kombination Bier und Fleisch (2 von 5 Warenkörben)
- Die **Konfidenz** beträgt 100 % (2 von 2 Warenkörbe mit Bier enthielten auch Fleisch)
- Der **Lift** ist 1,66, d. h. der Zusammenhang ist deutlich größer als 1 und damit nicht zufällig. Er berechnet sich nach dem Support der Kombination geteilt durch das Produkt aus den Einzel-Supports (0,4/(0,4*0,6)).

Die Assoziationsanalyse ist ein zweistufiges Verfahren. Aus der gesamten Datenbasis werden mithilfe entsprechender Algorithmen im ersten Schritt die Regeln entdeckt, die einen vorgegebenen Supportwert übersteigen. Im zweiten Schritt werden danach die Regeln „ausgesiebt", deren Konfidenzwert nicht ausreichend ist.

Die Ergebnisse der Assoziationsanalyse sind dann einfach zu verstehende Regeln, die für Empfehlungen, Sortimentsgestaltungen, Werbeaktionen etc. genutzt werden können.

4.4.12 Faktorenanalyse

Faktorenanalyse			
Absicht / Zweck	**Lernen**	**Analys. Daten**	**Ergebnis**
Klassifikation	Überwachtes Lernen	Nominalskala	Nominalskala
Prognose / Vorhersage		Ordinalskala	Ordinalskala
Segmentierung	Unüberwachtes Lernen	Kardinalskala	Kardinalskala
Abhängigkeitsanalyse			*Reduktion der Variablen auf Faktoren*
Abweichungsanalyse			

Bei der Faktorenanalyse handelt es sich um ein Verfahren zur Zusammenfassung von Variablen. Ziel ist es, die Anzahl der erklärenden Variablen zu verringern und „ähnliche" Variablen zu Faktoren zusammenzufassen, die dann weitgehend voneinander unabhängig sind. Die Bedeutung der Faktoren ist dabei nicht immer offensichtlich und muss interpretiert werden.

Die Faktorenanalyse findet also dann Anwendung, wenn eine Vielzahl von Variablen vorhanden sind und davon ausgegangen werden kann, dass diese Variablen oft das Gleiche oder Ähnliches „aussagen" und sich deshalb auf eine deutlich kleinere Anzahl aussagekräftiger Faktoren reduzieren lassen. Ein einfaches Beispiel hierzu bildet die Verdichtung der zahlreichen technischen Eigenschaften von PKWs auf wenige Dimensionen, wie z. B. Größe, Leistung, Prestige und Sicherheit.

Traditionell	Zuverl.	Ordentlich	Faktor 1	Spontan	Frei	Kreativ	Modern	Faktor 2
2	2	1	2	5	4	5	3	5
4	5	3	4	2	3	2	2	2
1	2	3	1	4	4	2	5	3
5	4	4	5	1	1	1	1	1
2	4	1	2	2	4	4	3	3
3	4	2	3	4	3	3	3	3
3	3	4	3	1	2	2	1	2
2	2	1	1	2	5	4	5	4
5	4	3	1	1	4	3	5	4
3	4	4	4	2	3	1	3	2
1	2	1	1	5	5	5	5	5
5	4	3	4	2	3	1		1
4	5	5	5	3	2	2	1	2
3	5	4	4	3	1	1	2	2

Dem Ziel der Faktorenanalyse – nämlich die Reduktion der Variablen und damit die Reduktion der Komplexität des Modells – steht auf der anderen Seite die Gefahr des Informationsverlustes gegenüber. Diese Aspekte müssen gegeneinander abgewogen werden.

Bildlich kann man das Prinzip der Faktorenanalyse an diesem Beispiel veranschaulichen:

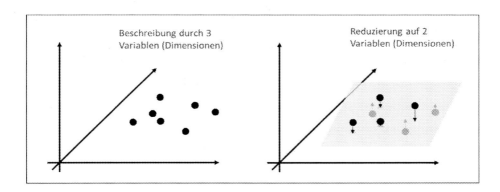

Kapitel **4** - Verfahren der Datenanalyse

Die Daten werden durch drei Variablen beschrieben. Hier im Beispiel wären die Variablen drei orthogonale Dimensionen (also mit der Korrelation 0). In der Realität ist die Anzahl der Variablen höher und sie sind miteinander mehr oder weniger stark korreliert. Das Beispiel dient lediglich zur Veranschaulichung des Prinzips der Variablenzusammenfassung.

Mit der Faktorenanalyse wird nun also versucht, eine zweidimensionale Fläche (zwei Faktoren) so in den Raum einzupassen, dass die Punkte mit möglichst wenig Verlust (Minimierung der Pfeillängen) auf dieser Fläche dargestellt werden können. Im Ergebnis können die Punkte auf der zweidimensionalen Fläche dargestellt werden, wobei die Reduktion der Komplexität mit einem gewissen Informationsverlust einhergeht.

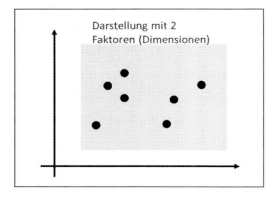

Das Vorgehen der Faktorenanalyse erfolgt in der Regel in diesen Stufen:

- Im **ersten Schritt** werden alle Variablen ausgewählt, die in die Faktorenanalyse eingehen sollen. Für alle ausgewählten Variablen wird anschließend eine Korrelationsmatrix erstellt, die den Zusammenhang der einzelnen Variablen miteinander darstellt. Damit können einzelne Variablen schon vor der eigentlichen Faktorenanalyse ausgeschlossen werden.
- Der **zweite Schritt** ist die eigentliche Faktorextraktion. Aufgrund verschiedener statistischer Kennzahlen kann entschieden werden, ob das

gefundene Faktorenmodell geeignet ist, die vorliegenden Variablen in Faktoren zusammenzufassen.

- Im **dritten Schritt** werden die Faktoren einer Transformation unterzogen, die als Faktorrotation bezeichnet wird, um damit besser interpretierbare Faktoren zu erhalten.
- Im **vierten Schritt** wird ermittelt, welche Werte die untersuchten Variablen hinsichtlich der Faktoren annehmen. Dies dient dazu, die Faktoren inhaltlich zu interpretieren.

4.4.13 Hauptkomponentenanalyse PCA

Hauptkomponentenanalyse			
Absicht / Zweck	**Lernen**	**Analys. Daten**	**Ergebnis**
Klassifikation	Überwachtes Lernen	Nominalskala	Nominalskala
Prognose / Vorhersage		Ordinalskala	Ordinalskala
Segmentierung	Unüberwachtes Lernen	**Kardinalskala**	Kardinalskala
Abhängigkeitsanalyse			*Haupt-komponenten*
Abweichungsanalyse			

Die Hauptkomponentenanalyse (Principal Component Analysis – PCA) ist eine variablenorientierte Methode, mit der – vergleichbar zur Faktorenanalyse – versucht wird, einen hochdimensionalen Datensatz in einen niederdimensionalen Raum zu projizieren. Dabei versucht die PCA, die Varianzen der Objekte im ursprünglichen Raum möglichst gut mit dem neuen niederdimensionalen Raum abzudecken. Die Hauptkomponentenanalyse besteht darin, eine orthogonale Transformation der ursprünglichen Variablen in eine neue Menge unkorrelierter Variablen, die Hauptkomponenten, vorzunehmen. Im Gegensatz dazu sind die Faktoren bei der Faktorenanalyse nicht zwingend orthogonal.

Die Hauptkomponenten werden nacheinander in absteigender Bedeutung konstruiert. Die Hauptkomponenten sind Linearkombinationen der ursprünglichen Variablen. Die erste Hauptkomponente wird so konstruiert, dass sie für den größten Teil der Variation verantwortlich ist.

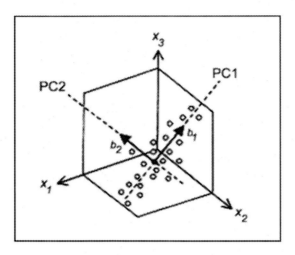

Abbildung 20: Quelle: http://www2.chemie.uni-erlangen.de/projects/vsc/chemoinformatik/erlangen/datenanalyse/bilder/pca.gif

In der Abbildung ist ein Beispiel veranschaulicht, in dem die Datenpunkte eines dreidimensionalen Raumes durch die zwei Hauptkomponenten (PC1 und PC2) dargestellt werden. Die zwei Hauptkomponenten werden solange in dem dreidimensionalen Raum rotiert, bis der Informationsverlust am geringsten ist.

Die Hauptkomponentenanalyse verfolgt also die folgenden Ziele:

- **Repräsentation** multidimensionaler Daten mit einer geringeren Anzahl an Variablen (unter Beibehaltung der Hauptmuster des Datensatzes),
- **Projektion** multidimensionaler Daten in einen niederdimensionalen Raum (unter bestmöglicher Beibehaltung der Variabilität der Daten),

- **Identifikation** versteckter Muster in einem Datensatz, und deren Klassifikation hinsichtlich der Frage, wie viel diese Muster in den Daten versteckte Information erklären (beschreiben) können.

Die Interpretation und Visualisierung der Daten in einem niederdimensionalen Raum ist im Allgemeinen einfacher (insbesondere bei Reduktion auf zwei oder drei Dimensionen). Die Hauptkomponentenanalyse wird daher hauptsächlich als Vorbereitung für die grafische Analyse und Visualisierung von Daten verwendet, wenn diese im zwei- oder maximal dreidimensionalen Raum dargestellt werden.

Hauptkomponenten können auch als Input für weitere Analysen verwendet werden. Das macht jedoch bei vielen multidimensionalen Verfahren keinen Sinn, da diese Verfahren eigene Methoden besitzen, um den erklärenden Anteil der einzelnen Dimensionen zu ermitteln.

4.4.14 Local Outlier Factor

Local Outlier Factor			
Absicht / Zweck	**Lernen**	**Analys. Daten**	**Ergebnis**
Klassifikation	Überwachtes Lernen	Nominalskala	Nominalskala
Prognose / Vorhersage		Ordinalskala	Ordinalskala
Segmentierung	Unüberwachtes Lernen	Kardinalskala	Kardinalskala
Abhängigkeitsanalyse			Ausreißer
Abweichungsanalyse			

Um in einem eindimensionalen Datensatz einen Ausreißer zu erkennen, benötigt man kein besonders ausgefallenes Verfahren. Das Ergebnis ist in der Regel direkt erkennbar.

In multidimensionalen Datensätzen ist diese Aufgabe deutlich komplexer und nicht mehr intuitiv lösbar. Als Verfahren haben sich Algorithmen bewährt, die die Entfernung bzw. Dichte der Datenpunkte betrachten.

Der Local Outlier Factor (LOF) ist ein Verfahren zur Erkennung von Ausreißern. Die Kernidee von LOF besteht darin, die Dichte eines Punktes mit den Dichten seiner Nachbarn zu vergleichen. Unter der Dichte kann man die Anzahl von „nahen Nachbarn" verstehen. Ein Punkt mit hoher Dichte befindet sich in einer Gruppe, ein Punkt mit geringer Dichte ist ein Ausreißer.

Man berechnet dabei die k-Distanz, also die Distanz des Objektes zu seinen k-nächsten Nachbarn. Daraus wird die Erreichbarkeitsdistanz errechnet, aus der die Erreichbarkeitsdichte ermittelt werden kann. Die Erreichbarkeitsdichte des Punktes wird mit dem seiner Nachbarn verglichen. Ist die Dichte geringer als die der Nachbarn, wird es sich um einen Ausreißer handeln.

Neben dem LOF können für die Ausreisererkennung auch Verfahren verwendet werden, die eigentlich einem anderen Zwecke dienen. Dies sind z. B. Clustering, neuronale Netze, Nächste-Nachbar-Klassifizierungen, Support Vector Machines oder Assoziationsregeln.

4.4.15 Genetische Algorithmen

Das Thema genetische Algorithmen passt nicht ganz zu den vorhergehenden Verfahren, da es sich nicht um ein (multivariates) Analyseverfahren handelt, sondern um ein heuristisches Optimierungsverfahren. Da das Verfahren im Bereich Optimierung eine gewisse Bedeutung hat, wurde es hier aufgenommen.

Die Lösung von Optimierungsaufgaben über mathematische Gleichungssysteme hat vor allem zwei Probleme:

- Mit zunehmender Komplexität (Variablenanzahl) kann der Aufwand für die Lösung der Probleme exponentiell steigen.
- Es besteht die Gefahr, kein globales Optimum zu finden, sondern in einem lokalen Optimum „steckenzubleiben". Anschaulich bedeutet das, dass der Flensburger davon ausgeht, dass er auf dem Deich an der höchsten Stelle steht; er vergisst dabei aber die entfernten Alpen.

Mit genetischen Algorithmen wird ein Weg gewählt, diesem „blinden" Teiloptimieren durch die Einbindung einer Zufallskomponente vorzubeugen. Man orientiert sich dabei an den Prinzipien der Evolution.

Die Evolution hat viel Zeit. Über den Zeitverlauf erfolgt eine „Selection of the Fittest". Dabei gibt es die Prinzipien:

- Selektion,
- Rekombination,
- Mutation.

Es gibt eine „Fitness-Funktion" (im dem Sinne, dass die Funktion ermitteln kann, welche Ausprägung den besten „Fit" hat). Anhand dieser Funktion können die besten Kandidaten ausgewählt werden. Durch Rekombination werden die Eigenschaften der besten Kandidaten kombiniert. Im biologischen Fall ist das die Geninformation von Vater und Mutter, die im Kind kombiniert wird. Im mathematischen Falle werden also die Variablenwerte zweier Kandidaten gemischt, um dann erneut den Fitness-Wert zu berechnen. Dies alleine würde aber dazu führen, dass die Lösungswerte immer noch auf ein lokales Optimum hin konvergieren könnten. Es bestünde quasi die Gefahr mathematischer Inzucht. Daher wird das Zufallskonstrukt Mutation eingeführt, das dafür sorgt, dass sich einzelne Gene (Werte) zufällig ändern können.

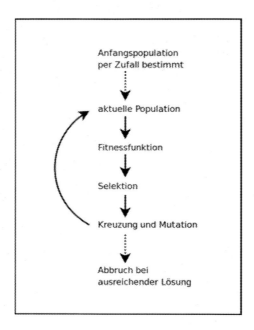

Wird dieser Grundalgorithmus – Generation um Generation – lang genug wiederholt, erreicht man eine zufriedenstellende Lösung des Optimierungsproblems. Eine Garantie für den Optimalwert ist allerdings noch nicht gegeben, da man die Iterationen beenden wird, sobald man mit dem erreichten Fitnesswert zufrieden ist, ohne sicher zu sein, das Optimum tatsächlich erreicht zu haben.

4.4.16 Weitere Verfahren

In den vorangegangenen Abschnitten wurden wichtige Verfahren des maschinellen Lernens dargestellt. Darüber hinaus gibt es zahlreiche weitere Verfahren, die teils eine Weiterentwicklung der bestehenden Verfahren darstellen, oder aber einen eigenständigen Ansatz verfolgen. Erwähnenswert sind in diesem Zusammenhang z. B. noch:

- **Kontingenzanalyse**: Mithilfe der Kontingenzanalyse ist es möglich, die Abhängigkeit bzw. Unabhängigkeit von zwei oder mehreren nominalskalierten Variablen zu untersuchen. Es geht also darum, den Zusammenhang zwischen den Variablen statistisch zu überprüfen. Die Überprüfung erfolgt dabei auf der Basis von Daten, die in Form einer Kreuztabelle (Kontingenztabelle) angeordnet sind.

- **Mehrdimensionale Skalierung** (MDS): Der Hauptanwendungsbereich der multidimensionalen Skalierung ist die Positionierungsanalyse, d. h. die Positionierung von Objekten im Wahrnehmungsraum von Personen. Diese erfolgt in der Regel auf Grund von Befragungen bezüglich der Ähnlichkeit von Objekten (z. B. Produkte in der Marktforschung). Man bildet dann die Dimensionen, mit deren Hilfe diese Objekte dargestellt werden können (vergleichbar der Faktorenanalyse, die aber aus multivariaten Ausgangsdaten basiert).

- **Kausalanalyse**: Bei einer Kausalanalyse werden erhobene Daten auf vermutete Ursache-Wirkungs-Beziehungen zwischen den Merkmalen überprüft. Dazu werden drei Verfahren miteinander verknüpft: Mit der Faktorenanalyse wird überprüft, ob die ermittelten Merkmale die dahinterliegenden (nicht direkt messbaren) Dimensionen und Konstrukte widerspiegeln. Aus der Pfadanalyse leitet sich die Idee einer prüfbaren Ursache-Wirkungs-Beziehung zwischen den einzelnen Dimensionen und Konstrukten ab. Die Regressionsanalyse testet die Wirkungsrichtung zwischen den ursprünglich nicht messbaren Dimensionen.

- **Bayes'sches Netzwerk**: Ein Bayes'sches Netz ist ein gerichteter, azyklischer Graph, in dem die Knoten Zufallsvariablen und die Kanten bedingte Abhängigkeiten zwischen den Variablen beschreiben. Es steht also im Gegensatz zu kausalen Netzwerken, die kausale Zusammenhänge darstellen und nimmt das Konzept der bedingten Wahrscheinlichkeit unter Anwendung der Bayes'schen Regel mit auf.

Kapitel **4** - Verfahren der Datenanalyse

4.5 Auswahl des richtigen Verfahrens

In den vorangegangenen Abschnitten wurden die wichtigsten Verfahren vorgestellt. Die Frage aller Fragen, die sich für den konkreten Einsatz in der betrieblichen Praxis aufdrängt, ist:

> *Welches Verfahren soll ich einsetzen?*
> *Welches ist das richtige Verfahren für meine Fragestellung?*

Gerade der Anfänger fühlt sich möglicherweise von der großen Anzahl an Algorithmen überfordert bzw. verunsichert, dabei wurde hier ja nur ein Teil der tatsächlich existierenden Verfahren vorgestellt.

Im Netz findet man sog. „Cheat Sheets" – also Spickzettel, die den Anwender in einer Entscheidungsbaumstruktur zum richtigen Verfahren führen sollen.

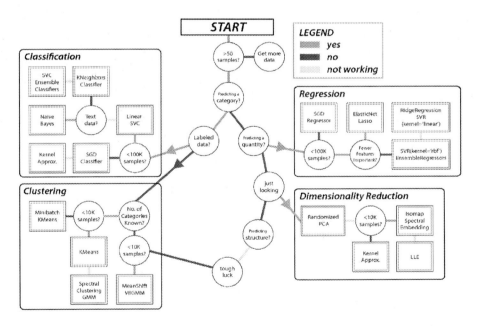

Abbildung 21: https://www.pinterest.de/pin/556827941413198289/

Kapitel **4** - Verfahren der Datenanalyse

Diese „Cheat Sheets" taugen aber nur bedingt, da die Verfahren nur unvollständig abgedeckt sind und häufig eine Vermischung aus grundsätzlichen Verfahren mit den von den Verfahren verwendeten Algorithmen stattfindet.

Für die Microsoft Azure Machine-Learning-Bibliothek gibt es von Microsoft ein „Cheat Sheet", das schon sehr differenziert Einsatzgebiete und Verfahren auswählen lässt. Die Verfahrensauswahl ist aber begrenzt, bedingt durch den Umfang der dahinter liegenden Bibliothek.[11]

Um dem Thema den Schrecken zu nehmen, empfehle ich ein dreistufiges Vorgehen anhand der folgenden Abbildung.

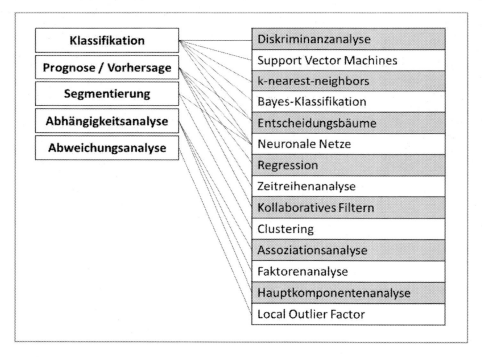

---

[11] https://docs.microsoft.com/de-de/azure/machine-learning/machine-learning-algorithm-cheat-sheet

- Im **ersten Schritt** sollte man sich darüber im Klaren werden, was man eigentlich mit der Datenanalyse bezweckt. Will man etwas prognostizieren oder gruppieren? Will man einen Ausreißer identifizieren oder Abhängigkeiten erkennen? Daraus schränkt sich automatisch die Anzahl der geeigneten Verfahren ein.

- Im **zweiten Schritt** überprüft man, welche Forderungen die vorausgewählten Verfahren an den Skalentyp der Daten stellen. Dadurch kann sich eine weitere Einschränkung der Verfahren ergeben.

- Im **dritten Schritt** bleibt einem nichts anderes übrig, als in die Details der ausgewählten Verfahren zu gehen. Meist stehen verschiedene Unterarten bzw. Algorithmen oder Lernverfahren alternativ zur Verfügung. Hieraus ergibt sich dann eine weitere Konkretisierung des „richtigen Verfahrens". Es spricht grundsätzlich nichts dagegen – bzw. ist es sogar wünschenswert – wenn mehrere Verfahren für die Modellbildung genutzt und anschließend verglichen werden (siehe Abschnitt 5.1).

5 Vorgehensmodell für ML-Projekte

Technik - IT		Theorie	Praxis	
② Datenquellen	③ Analysewerkzeuge	④ Verfahren	⑤ **Vorgehen**	⑥ Anwendung
• DB • Data-Wareh. • NoSQL DB • Hadoop • Cloud	• Sprachen • Data-Science-Plattformen • ML Libraries	• Statistik • Data-Mining • Machine-Learning • Modellierung	• Vorgehen • Analyseprozess • Modell-Management	• Beispiele • Use Cases • Branchen

In diesem Kapitel soll darauf eingegangen werden, wie beim Einsatz der in den vorangegangenen Abschnitten beschriebenen Verfahren in konkreten Projekten vorgegangen werden soll. Wie soll ein Machine-Learning-Projekt idealerweise ablaufen? Zuerst wird in Abschnitt 5.1 eine bewährte Vorgehensweise vorgestellt. Im darauffolgenden Abschnitt wird dann das Thema Modell-Management behandelt.

5.1 Vorgehensweise – Methode

Es gibt verschiedene Vorgehensmodelle, die als Empfehlung für die erfolgreiche Durchführung eines Datenanalyse-Projektes verwendet werden können. Das mit Abstand bekannteste und am weitesten verbreitete Modell ist CRISP-DM (Cross Industry Standard Process for Data-Mining).[12] Daneben ist das von SAS entwickelte SEMMA-Modell noch von gewisser Bedeutung, hat aber nicht den breiten Anwendungsbereich von CRISP.

Es soll daher im Folgenden, in starker Anlehnung an das CRISP-Modell, eine Empfehlung für die Vorgehensweise bei Data-Science-Projekten gegeben werden.

---

[12] http://www.kdnuggets.com/2014/10/crisp-dm-top-methodology-analytics-data-mining-data-science-projects.html

Kapitel **5** - Vorgehensmodell für ML-Projekte

CRISP-DM wurde als gemeinsames Projekt unterschiedlicher Unternehmen (SPSS, Teradata, NCR Corporation, Daimler AG und OHRA) ab 1996 entwickelt. Es gingen die Erfahrungen aus Data-Mining-Projekten der beteiligten Unternehmen ein. IBM, das 2009 SPSS übernommen hatte, entwickelt CRISP noch heute weiter, zum Teil als Erweiterung unter dem Namen ASUM-DM (Analytics Solutions Unified Method for Data-Mining / Predictive Analytics).

CRISP beschreibt den Analytics-Prozess in verschiedenen Phasen, die insgesamt einen Kreislauf darstellen und unterschiedliche Rückkopplungen zulassen.

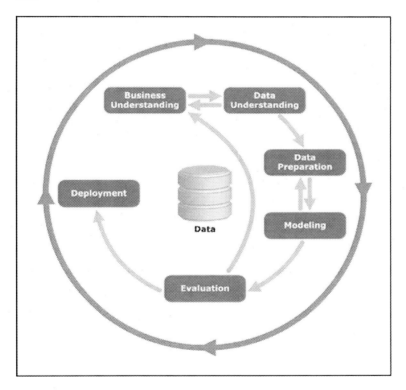

Abbildung 22: http://statistik-dresden.de/archives/1128

Die Phasen sind:

- **Business Understanding**: Verständnis des geschäftlichen Hintergrunds der Fragestellung,
- **Data Understanding**: Verständnis der Daten,
- **Data Preparation**: Vor- und Aufbereitung der Daten,
- **Modeling**: Modellieren mithilfe der unterschiedlichen Verfahren,
- **Evaluation**: Bewertung und Überprüfung der Ergebnisse,
- **Deployment**: Bereitstellung und Anwendung der Ergebnisse im produktiven Betrieb.

Das Grundmodell von CRISP ist relativ gut verständlich und selbsterklärend, es sollen aber zu den einzelnen Phasen einige Anmerkungen gemacht werden.

Business Understanding
In dieser Phase soll eine Business-Fragestellung in eine Daten-Fragestellung übersetzt werden. Das kann nur erfolgreich geschehen, wenn im Data-Science-Team ein Verständnis für das den Daten zugrundeliegende Geschäft besteht. Die Frage, wie beispielsweise der Erfolg einer Marketingaktion verbessert werden kann, setzt bei den im Projekt beteiligten Data Scientisten ein anderes „Domänen"-Wissen voraus als die Optimierung von Wartungsarbeiten bei Kraftwerkturbinen. Die Verminderung der Abwanderungsrate von Mobilfunkkunden erfordert eine andere Denkweise als es bei der Aufdeckung von Betrugsfällen im Gesundheitswesen der Fall wäre. Es ist daher meist notwendig, dass der Datenanalyst seinen „Computerkeller" verlässt und sich im Feld „die Hände schmutzig" macht.

Das ist aber sicher auch ein Grund dafür, warum die Arbeit von Data Scientisten so spannend ist: das Überbrücken von Schnittstellen zwischen Fach- und IT-Bereichen, zwischen Business und Statistik. Auf der Business-Seite herrscht häufig eine falsche Vorstellung von der Möglichkeiten der analytischen Verfahren. Einerseits fehlt die Phantasie, was alles möglich ist – welche Erkenntnisse aus den Daten gewonnen werden können. Auf der anderen Seite werden aber die Verfahren auch überschätzt, nach dem Motto: ich gebe diesem mir suspekten „Mathe-Guru" Zugang zu meinen Daten und nach zwei Tagen Analyse wird er mit völlig neuen Erkenntnissen zurückkommen. Er wird Antworten auf Fragen liefern, die ich gar nicht gestellt hatte. Genau hier liegt aber die Krux, zu Beginn des analytischen Projektes. Nur wer die richtigen, realistischen Fragen stellt, wird auch zufriedenstellende Antworten erhalten.

Data Understanding
Eng verbunden mit der Business-Understanding-Phase ist die Data-Understanding-Phase. Diese Phase kann noch einmal aufgeteilt werden in die Frage nach der Datenverfügbarkeit und nach dem Datenverständnis.

- **Datenverfügbarkeit**: Dabei geht es um Fragen wie: Welche Daten sind vorhanden? Welche Daten wären noch verfügbar? Welche Daten könnten extern bezogen werden? Welche Daten sollten zusätzlich erhoben werden? Zwei Beispiele dazu: Ein Hersteller von Alkoholika wollte wissen, wie sich Preisaktionen auf den Verkauf eines Produktes auswirken. Im Verlauf des Projektes kam man zur Erkenntnis, dass es Sinn macht, den Abstand (in cm) des eigenen Produktes von dem des Hauptkonkurrenten im Verkaufsregal der Läden zu erheben. Diese Daten lagen nicht vor. Es ergab sich dann aus der Analyse, dass Preisreduzierungen nur erfolgreich bzw. nötig waren, wenn das Konkurrenzprodukt nahe beim eigenen platziert war. Ansonsten verpuffte die Aktion. Ein anderes Beispiel ist eine Supermarktkette, die den Verkauf von Frischeprodukten u. a. mithilfe von Wetterdaten prognostizierte (siehe Abschnitt 6.2.6). Die Wetterdaten mussten extern dazugekauft werden, da sie in den eigenen Daten nicht vorlagen.

- **Datenverständnis**: Der andere Aspekt ist das Verständnis der Daten im engeren Sinne: Was bedeuten die Daten tatsächlich? Was sich trivial anhört, sieht im Detail alles andere als belanglos aus. Um beim obigen Beispiel zu bleiben, kann man die Frage stellen, was z. B. der Datensatz des Supermarktes bedeutet:

Tagesumsatz eines Produktes x: 1.207,23 €

War das der Gesamtumsatz dieses Produktes, weil der Bedarf nicht höher war, oder weil das Produkt ausverkauft war? Wann war der letzte Umsatz mit diesem Produkt (nachmittags um 14 Uhr oder zwei Minuten vor Ladenschluss)? Es kann Fragestellungen geben, wo diese Unterscheidung irrelevant ist. In anderen Fällen – z. B. wenn es um die Prognose von maximal möglichen Verkäufen geht – ist sie entscheidend. An diesem Beispiel wird deutlich, wie eng das Datenverständnis mit dem Business-Verständnis zusammenhängt. Eine stumpfe, unreflektierte Anwendung beliebiger statistischer Verfahren auf die – eigentlich gar nicht verstandenen – Daten kann zu falschen Ergebnissen führen. Die Weichenstellung dazu fällt in den beiden Anfangsphasen des Projektes.

Data Preparation
Die Datenaufbereitungsphase ist oft die unangenehmste Aufgabe für den Data Scientisten im Projekt. Die Daten können noch so gut im Data-Warehouse aufbereitet worden sein, es wird jedes Mal doch wieder mehr Aufwand notwendig sein als geplant. Es geht einerseits darum, die zu analysierenden Variablen auszuwählen, andererseits darum, die Daten für die entsprechenden Analyseverfahren vorzubereiten. Es müssen Daten aggregiert, transformiert, normalisiert etc. werden. Tabellen werden eventuell erstellt, verändert oder pivotisiert (Spalten und Zeilen getauscht). Unterschiedliche Schreibweisen der gleichen Sachverhalte müssen zusammengefasst werden, Nullwerte evtl. bereinigt oder ergänzt werden. Außerdem müssen die Daten entsprechend den Anforderungen der einzusetzenden Verfahren in der Modellierungsphase vorliegen und entsprechend angepasst werden.

Modeling
Die Modellierungsphase umfasst die eigentliche Analyse der Daten mit den entsprechenden Verfahren. Man spricht davon, dass ein Modell erstellt wird (also z. B. eine Regressionsfunktion oder ein Clustermodell), das in den nächsten Phasen dann getestet und angewendet wird.

Der wichtigste Schritt ist erst einmal die Auswahl des geeigneten Verfahrens. In diesem Zusammenhang ist hier – analog zum Business- und Datenverständnis in den ersten Phasen – ein **Modell-Verständnis** nötig. Nicht jedes Verfahren eignet sich für jede Fragestellung und nicht alle Datentypen können mit allen Verfahren analysiert werden. Am „gefährlichsten" sind Verfahren, die zu scheinbar validen Ergebnissen führen, aber inhaltlich sinnlos oder einfach falsch sind. Als simplifiziertes Beispiel kann man sich die Analyse des Zusammenhangs zwischen Monatseinkommen und PS-Anzahl des gefahrenen Autos vorstellen. Eine Regressionsanalyse würde zu dem Ergebnis führen, dass, je höher die PS-Anzahl des eigenen Autos ist, umso höher sich dann das Monatseinkommen darstellt. Folgerung aus diesem Modell: Kaufe dir ein größeres Auto und du wirst mehr Geld verdienen! Der klassische Fehler besteht darin, aus einer Korrelation der Daten auf einen kausalen Zusammenhang (in die falsche Richtung) zu schließen.

Diese Phase ist nun in der Tat die wissenschaftlichste Aufgabe des Data Scientisten. Üblicherweise werden in dieser Phase folgende Aktivitäten durchgeführt – nicht zwingend in dieser Reihenfolge, sondern oft im iterativen Vorgehen mit mehreren Schleifen:

- Es wird ausgewählt, welche Verfahren Anwendung finden sollen.
- Daten werden – je nach Verfahren – aufgeteilt in Trainingsdaten (mit denen das Modell erstellt wird), Test- und Validierungsdaten.
- Mit den Daten wird „gespielt", d. h. es wird versucht z. B. mit Visualisierungsmethoden erste Erkenntnisse zu gewinnen.
- Modelle werden erstellt und bewertet. Manche Ergebnisse müssen aufgrund statistischer Kennzahlen als unbrauchbar verworfen und das

Modell entsprechend angepasst werden (andere Variablen, anderes Verfahren, andere Daten ...)
- Verschiedene Modelle werden verglichen.
- Eventuell muss ein Rücksprung in die Datenbearbeitungsphase erfolgen, da sich neue Anforderungen an die Daten ergeben haben.

Als Ergebnis dieser Phase liegt ein Modell – oder auch mehrere konkurrierende Modelle – vor, die die statistischen Qualitätskriterien erfüllen und grundsätzlich geeignet sind, die Fragestellung des Projektes zu beantworten.

In der Praxis werde gerade beim letzten Punkt dem einen oder anderen Statistik-Puristen beim Blick auf die statistische Solidität der Modelle die Haare zu Berge stehen. Die Konfidenzniveaus oder andere Parameter stellen oft die Robustheit der Modelle infrage. Dennoch funktionieren viele dieser „falschen" Modelle in der Praxis und führen zu (geldwerten) Verbesserungen der Ergebnisse. Vor diesem Hintergrund ist auch der viel zitierte Satz entstanden:

„Essentially, all models are wrong, but some are useful."[13]

Evaluation

Die Evaluationsphase dient dazu, die Ergebnisse – also das Modell – ein letztes Mal zu überprüfen. Nicht aus statistischer bzw. Datensicht, sondern unter dem Aspekt der „Business-Brille". Hat man beim Analyseprozess eventuell relevante Gesichtspunkte übersehen oder im Laufe der Prozessschritte aus den Augen verloren und ist das Modell tatsächlich geeignet, einen Mehrwert für das Unternehmen zu generieren?

Bevor also das Ergebnis „deployed" wird, muss also die konsensuale Entscheidung erfolgen, dass man mit dem Ergebnis zufrieden ist und es nun um-

---

[13] Box, George E. P.; Norman R. Draper (1987). Empirical Model-Building and Response Surfaces, p. 424, Wiley.

gesetzt werden soll. Die Präsentation der Ergebnisse in der geeigneten zielgruppengerechten Form ist ein wichtiger – oft etwas vernachlässigter – Teil des Analyseprozesses.

Deployment
Wie diese Phase aussieht, hängt von der Fragestellung des Projektes ab. Wenn es ausschließlich darum ging (einmalig) Erkenntnisse aus Daten zu gewinnen um damit z. B. eine Entscheidung zu fundieren, dann entfällt in diesem Sinne die Deployment-Phase. Wenn aber das Ergebnis der Modellierung ein Prognosemodell ist, so wird man dieses Modell in die operativen Prozesse integrieren wollen – meist gleichbedeutend mit einem Deployment in einem operativen System. Ein Modell, das z. B. die Kreditwürdigkeit eines Antragstellers anhand einer Scoring-Funktion ermittelt, wird man in den Webshop integrieren, über den ein Kreditantrag eingegeben werden kann. Diese Integration erfolgt dann also nicht mehr in den Data-Science-Systemen bzw. -Plattformen, sondern in den tatsächlichen operativen Systemen. Die Implementierungsmethode hat dann auch nichts mehr mit den Data-Science-Werkzeugen (z. B. Python oder R) zu tun, sondern erfolgt in der Sprache des Zielsystems, also z. B. als ein Java-Programm, das den Webshop anpasst.

Phase 0 – „Statement of work"
Eine Phase, die in keinem der Vorgehensmodelle explizit vorkommt, aber die vom Zeitaufwand her einen sehr großen Anteil an der Arbeit von Data Scientisten einnimmt, sind die vorbereitenden bzw. abstimmenden Tätigkeiten. Es sind die Meetings, Telefonate, Gespräche mit der Fachseite, dem Management, mit Softwareherstellern, der IT-Abteilung oder dem Datenschutz etc., die viel Zeit kosten. Viele Menschen müssen erst überzeugt werden, bevor man mit der eigentlichen Arbeit beginnen kann. Es bedarf schon reichlich Vorbereitungs- und Überzeugungsarbeit, bis man an die tatsächliche Analy-

setätigkeit herangehen kann. Das zu bedauern ist müßig, da es einfach die betriebliche Realität darstellt und es zum Job-Profil eines Data Scientisten dazugehört, sich und seine Arbeit „zu verkaufen".

5.2 Modell-Management

Im vorangegangenen Abschnitt ging es darum, den Prozess eines einzelnen Machine-Learning- bzw. Data-Mining-Projektes darzustellen. Als Ergebnis erhält man ein oder mehrere analytische Modelle. In Unternehmen und insbesondere in den großen, datengetriebenen Organisationen sammeln sich dann mit der Zeit zahlreiche solcher Modelle an. An den entsprechenden Prozessen sind darüber hinaus sehr viele Mitarbeiter in unterschiedlichen Organisationseinheiten beteiligt. Ein Telco-Unternehmen z. B. wird mit der Zeit hunderte unterschiedlicher Churn-Modelle für unterschiedliche Märkte und Kundengruppen mit verschiedenen Versionsständen entwickelt haben.

Das Managen dieser Modelle (die ja ein geldwertes Asset darstellen) ist eine komplexe Aufgabe, die häufig am Anfang der analytischen Aktivitäten in den Unternehmen unterschätzt wurde.

- Welches ist das aktuelle Modell?
- Welche Änderungen gab es? Werden diese getrackt?
- Wie sahen die unterschiedlichen Ergebnisse der Modelle aus?
- Wer war an der Erstellung beteiligt, was sind die Rahmenbedingungen?
- Wie ist die Gültigkeitsdauer einzelner Modelle? Nicht nur das Deployment eines Modells, sondern auch das Retirement des Models muss geregelt werden.
- Wie können verschiedene Teams (z. B. aus verschiedenen Ländern) zusammenarbeiten und von den Modellen der anderen Teams profitieren?
- Wie werden Verbesserungen realisiert?
- …

All diese Fragen können auf Dauer nicht mehr nur in verteilten, zufälligen Dokumentationen oder gar allein in den Köpfen der beteiligten Mitarbeiter festgehalten und verwaltet werden. Analytische Plattformen bieten z. T. Unterstützung für das Model Management an. Es geht dabei um ein – im Idealfall – unternehmensweites Repository, das in der Lage ist, die entsprechenden Metadata zusammen mit den Modellen zu verwalten. Große Unternehmen legen daher bei der Auswahl einer Data-Science-Plattform vermehrt auf das Thema Model Management gesteigerten Wert. Das Thema bekommt eine höhere Priorität als das Vorhandensein des 555-igsten Algorithmus in der Verfahrensbibliothek. In fortgeschrittenen Umgebungen wird ein Model Management Framework realisiert, das auch die ständige Weiterentwicklung der Modelle und das Scheduling von in Realtime verwendeten Modellen übernimmt.

6 Anwendungsfälle – Use Cases

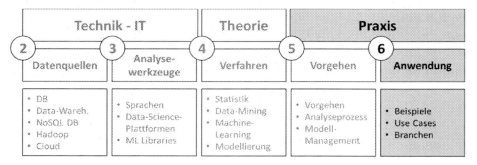

In diesem Kapitel geht es darum, Anwendungsfälle vorzustellen. Im ersten Abschnitt (6.1) wird auf Besonderheiten ausgewählter Branchen eingegangen. Im zweiten Abschnitt (6.2) werden dann konkrete Fallbeispiele beschrieben.

6.1 Use Cases nach Branchen

Machine-Learning-Anwendungsfälle gibt es in jeder Branche. In diesem Abschnitt soll nun auf die Besonderheiten einiger Branchen eingegangen werden. In manchen Bereichen ist der Einsatz von Datenanalyse historisch schon weit fortgeschritten, in anderen sind ganz spezielle Einsatzszenarien erkennbar. In einer Studie von McKinsey wurden die Branchen herausgestellt, die eine besonders große Auswirkung von „Big Data" erwarten sollten.[14]

---

[14] McKinsey (2011)

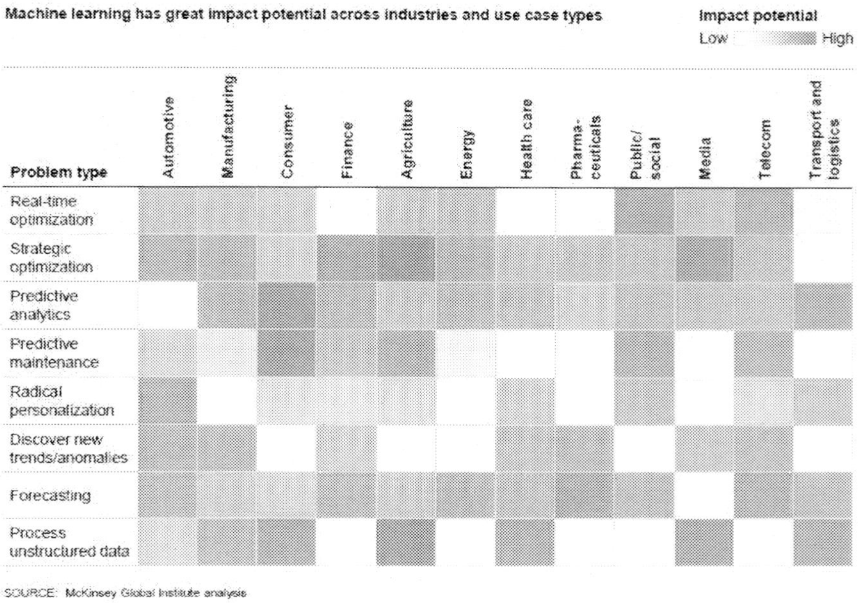

Kapitel 6 - Anwendungsfälle – Use Cases

Abbildung 23: http://www.mckinsey.com/business-functions/digital-mckinsey/our-insights/big-data-the-next-frontier-for-innovation

6.1.1 Automobilindustrie

Die Automobilbranche ist geprägt davon, dass über 80 % der Wertschöpfung außerhalb der eigentlichen Automobilhersteller bei Zulieferern erbracht wird. Man kann also nicht nur von Automobilherstellern, sondern genauso gut von Zulieferer-Managern sprechen. Dementsprechend sind neben den für Produktionsbetrieben üblichen Analytics-Einsatzgebieten Projekte mit der Zielrichtung Lieferanten-Management von besonderer Bedeutung.

In der folgenden Grafik sind typische Anwendungsbeispiele entlang der vereinfachten Wertschöpfungskette aufgezeigt.

Kapitel 6 - Anwendungsfälle – Use Cases

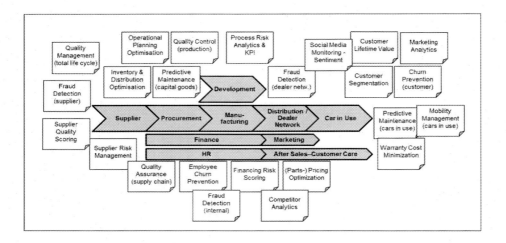

Über die Wertschöpfungskette der Hersteller hinaus können die im Gebrauch befindlichen Autos eine riesige Menge an Daten liefern (telemetrische Daten, Fehlerdaten, Daten aus dem Motormanagement, GPS-Daten), die Grundlage für weitere Use Cases sind. Die Einsatzgebiete analytischer Methoden – nicht nur für die Hersteller, sondern auch für ganz neue Anbieter – sind dabei noch lange nicht ausgeschöpft.

6.1.2 Energieversorgung

Energieversorgungsunternehmen sind einem extremen Wandel unterworfen, der das Geschäftsmodell verändert, völlig neue Prozesse erfordert und die Steuerung des Betriebes datenmäßig revolutioniert.

Von einem eher einfachen Geschäftsmodell, in dem Strom, der billig in wenigen Großkraftwerken produziert wurde, über stabile Netzstrukturen verteilt und in monopolistischen Märkten verteilt wurde, haben sich alle Elemente der Wertschöpfungskette der Energieversorger revolutionär verändert.

- Es muss die **Energiewende** (gleichzeitiger Ausstieg aus der Stromerzeugung durch Atomkraftwerke und der Anstieg von alternativen Energiequellen) gemeistert werden.

Kapitel 6 - Anwendungsfälle – Use Cases

- Die **Stromproduktion** erfolgt in einer stark steigenden Anzahl von Einheiten (Solardächer auf Einfamilienhäusern, Windräder, Kraftwärmekopplungsanlagen etc.) mit stark schwankenden Produktionsmengen (z. B. Wind- und Wetterabhängigkeit).
- Die **Netze** müssen erneuert werden, um dem Auseinanderdriften von Produktion und Verbrauch (Windräder in der Nordsee, Verbraucher im Süden) und den starken Produktionsschwankungen gerecht zu werden.
- Die **Märkte** werden liberalisiert. Neue Anbieter, neue Marktmechanismen (Energiebörsen) und die internationale Energiepolitik sorgen für eine notwendige Marktausrichtung der Energieanbieter.

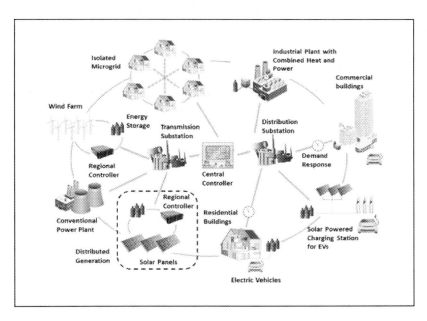

Abbildung 24: Quelle Utegration

Kapitel 6 - Anwendungsfälle – Use Cases

Vor diesem Hintergrund eines sich ändernden Geschäftsmodells ergeben sich auch zahlreiche neue Einsatzgebiete für Machine Learning und Big Data Analytics. Im Folgenden werden einige Beispiele für neue, aber auch „klassische" Anwendungsfälle genannt:

Energieproduktion:

- Wetterabhängige Produktionsprognose von Energie aus alternativen, dezentralen Quellen (Solarzellen, Windräder)
- Produktionssteuerung des gesamten Produktionsgrids
- Predictive Maintenance von Anlagen (Kraftwerke, Windräder …)
- Realtime Monitoring und Steuerung
- Ausfallerkennung und -Prävention
- Kapazitätsplanung
- Energieverbrauchsprognose
- Sicherheitsanalyse für kritische Infrastruktur

Netzwerk

- Network loss prevention
- Netzwerkplanung und -steuerung

Marketing – Kunden

- Fraud-Detection
- Trading-Optimierung
- Tarifsimulation und -optimierung
- Marketing Analytics

Allein aus der vereinfachenden Zusammenfassung der Herausforderung für Energieunternehmen lässt sich erkennen, dass es einen riesigen Bedarf an Einsatzgebieten für analytische Anwendungen gibt. Energieunternehmen der Zukunft werden nur erfolgreich sein können, wenn sie die steigende Anzahl an Daten entsprechend managen.

Kapitel 6 - Anwendungsfälle – Use Cases

6.1.3 Pharmaindustrie und Biotechnologie

Pharma- und Biotechnologieunternehmen gehören traditionell zu den Hauptnutzern analytischer Verfahren. Das liegt daran, dass neben den üblichen Einsatzgebieten produzierender Unternehmen (z. B. Qualitätskontrolle in der Produktion, Marketing Analytics, HR-Analytics) zusätzlich in den Kernprozessen der Medikamentenentwicklung, mit ihren streng regulierten Entwicklungs- und Zulassungsphasen, sehr viele Daten anfallen, deren Analyse diesen Prozess deutlich beschleunigen, kostengünstiger und sicherer machen kann.

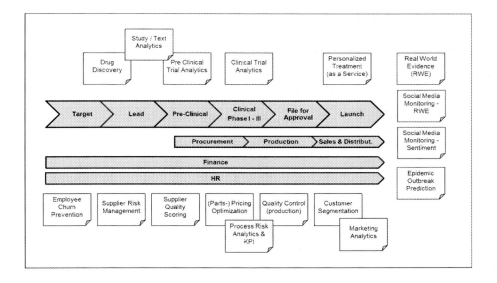

- **Drug Discovery**: Im Rahmen der ersten Stufen bei der Entwicklung eines neuen Medikamentes können Datenanalyse-Verfahren eingesetzt werden. Beispiele sind das initiale Screening von Inhaltsstoffen, um die Erfolgswahrscheinlichkeit vom Zusammenwirken mehrerer Komponenten zu prognostizieren, oder in der Simulation von Next Generation Sequencing (also die Sequentialisierung des menschlichen Genoms).

Kapitel **6** - Anwendungsfälle – Use Cases

- **Präklinische Studien**: Präklinische Studien sind ohne eine adäquate Analyse und Interpretation von Daten nicht denkbar. Mit den Erkenntnissen daraus können unter anderem gesundheitsschädliche Nebenwirkungen von Medikamenten und Behandlungsmethoden früh identifiziert und reduziert werden.

- **Klinische Studien**: Das Gleiche gilt für alle Phasen der klinischen Studien. Daten über Wirkungen, Neben- und Wechselwirkungen von Medikamenten fallen an und stehen für die Analyse bereit.

- **Personalisierte Medikamente**: Darunter versteht man eine maßgeschneiderte Medikation, die zusätzlich zum speziellen Krankheitsbild die individuelle physiologische Konstitution und geschlechtsspezifische Wirkeigenschaften von Medikamenten berücksichtigt. Durch Datenanalyse können individualisierte Therapien entwickelt werden. Diese kann sich sowohl auf einzelne individualisierbare Medikamente, von denen es derzeit in Deutschland 51 Wirkstoffe gibt, als auch auf die individualisierte Kombination von Medikamenten beziehen. Es ist auch denkbar, dass Pharma-Unternehmen diesen Dienst als Service anbieten.

- **Real World Evidence (RWE):** RWE ist die Analyse des tatsächlichen Einsatzes eines zugelassenen Medikamentes. Die „Kunst" besteht darin, aus internen und externen Daten Erkenntnisse über die Wirksamkeit und Nebenwirkungen von Medikamenten im „Echtbetrieb" zu gewinnen.

- **Social Media Monitoring:** Pharmaunternehmen können Textquellen aus dem Internet automatisch scannen und auswerten, um Erkenntnisse über das Sentiment (die Meinung) der Konsumenten bezüglich des Medikamentes oder des Unternehmens, oder aber über Wirkungen und Nebenwirkungen des Mittels zu gewinnen.

- **Epidemic Outbreak Prediction**: Im Zusammenhang mit der Markt- und Produktionsplanung kann es für Pharmaunternehmen auch von

Interesse sein, die Ausbreitung von (epidemischen) Krankheiten zu prognostizieren.

6.1.4 Telekommunikation

Normalerweise wissen Unternehmen darüber Bescheid, wer ihre Kunden sind und wie, wann und welche Produkte und Dienstleistungen des Unternehmens erworben wurden. Was aber nach dem Kauf geschieht, entzieht sich meistens dem Wissen der Unternehmen, mal abgesehen von relativ wenigen Informationen über Wartung und Serviceaktivitäten. In der Telekommunikation ist das anders. Es gibt wenige andere Branchen, in denen die Unternehmen so viele Daten über den tatsächlichen Gebrauch ihrer Dienstleistung durch die Kunden zur Verfügung haben. Jedes Telefonat kann mit Dauer, Ort und Kommunikationspartner einem Kunden zugeordnet werden.

Dementsprechend sind Telekommunikationsunternehmen Pioniere, was den Einsatz von Datenanalyse angeht.

- Um Abwanderungen von Kunden zu verhindern, werden schon seit langem Churn-Prevention-Projekte durchgeführt (siehe Abschnitt 6.2.5).
- Loyalitätsmodelle werden gebildet.
- Kundengruppen werden geclustert und entsprechend individualisierte Angebote entwickelt.
- Umsatz- und Preisoptimierung durch Tarifvariationen wird simuliert.
- Mit Credit Scoring werden die Kunden vor Vertragsvergabe bewertet.
- Fraud-Analyse soll Betrugsfälle im Netz aufdecken.
- Das Netzwerk wird überwacht (Monitoring) und optimiert.

Kapitel **6** - Anwendungsfälle – Use Cases

6.1.5 Handel

Im Handel wurden schon immer große Datenmengen verarbeitet und diese werden auch in Zukunft noch weiter anwachsen. In den Kassen- und Backend-Systemen fallen riesige Datenmengen an. Sie bilden die ideale Basis, um Entscheidungen zur Warendisposition und zur Preisgestaltung auf Basis von Machine-Learning-Algorithmen weiter zu beschleunigen und zu automatisieren.

Man muss beim Handel unterscheiden, ob es sich um stationären oder Online-Handel handelt. Sind beide Vertriebskanäle verfügbar, so ist es anzustreben, eine einheitliche Kundensicht unabhängig von der Wahl des Kanals zu gewähren. Wichtige Use Cases für den Einsatz von Machine Learning sind:

Online-Handel

- **Empfehlungen**: Dem Nutzer müssen individualisierte Empfehlungen gemacht werden (siehe Abschnitt Empfehlungen 6.2.8).
- **Preisoptimierung**: Abhängig von der Tageszeit, der Konkurrenzsituation, dem gewählten Zugangsgerät (Computer, Smartphone, Tablet) und den Kundenpräferenzen kann eine individualisierte Preisgestaltung gewählt werden.
- **Forecasting** (Lageroptimierung): Zur Optimierung der Lagerbestände können Verkaufsprognosen erstellt werden.
- **Personalisierung von Kommunikation und Produktangebot**: Werbemaßnahmen und der Aufbau des Online-Shops können kundenindividuell erfolgen.

Stationärer Handel

- **Warenkorbanalyse – Platzierung**: Über Warenkorbanalysen kann die Platzierung von Produkten optimiert werden.
- **Store-Design**: Die Warenplatzierung kann sich auf das gesamte Design des Ladens auswirken.

- **Sortimentsoptimierung**: Die Sortimente einer Verkaufsstelle können anhand der Verkaufsdaten gestaltet werden.
- **Personalisierte Kommunikation**: Mithilfe von Kundenkarten können Informationen über die Kaufgewohnheiten der einzelnen Kunden gesammelt werden, um diese Information für personalisierte Werbung bzw. Angebote zu nutzen.
- **Verkaufsprognose**: Die Prognose der Verkaufsmenge kann die Verkaufs- und Verlustmengen optimieren (siehe Abschnitt 6.2.6)

6.1.6 Banken – Finanzdienstleistungen

Die Finanzdienstleistungsbranche bietet zahlreiche Einsatzmöglichkeiten von Machine Learning und Datenanalyse. Die Einsatzgebiete lassen sich in unterschiedliche Bereiche untergliedern:

Marketing – Sales

- **Kunden-Segmentierung**: Um erfolgreich Cross- und Upsellingaktionen durchzuführen und die Kundenerfahrung entsprechend der unterschiedlichen Anforderungen zu differenzieren, ist eine Segmentierung von Kunden im Finanzdienstleistungsbereich besonders erfolgsversprechend.
- **Prognose Kundenwert**: Ein Teilaspekt der Kundensegmentierung ist die vorausschauende Prognose des Kundenwertes (Lifetime Value) von Kunden. Die Segmentierung der Kunden wird daher nicht nur als statische Aufteilung der Kunden, sondern dynamisch im Zeitverlauf gesehen. Der studentische Girokonto-Inhaber ist z. B. der Hypothekenkredit-Nachfrager der näheren Zukunft.

Kunden-Service

- **Spracherkennung**: Über die Verarbeitung von natürlicher Sprache ist es (zukünftig) möglich, erweiterte Routinetätigkeiten im Kunden-Service-Bereich zu unterstützen. E-Mail-, Chat- oder auch telefonische Anfragen können von „maschinellen Agenten" (Chat Bots) angenommen und dann entweder vollständig bearbeitet oder zumindest vorverarbeitet werden, um sie dann an einen „menschlichen" Mitarbeiter weiterzuleiten.
- **Sentiment-Analyse**: Soziale Netzwerke können ausgewertet werden, um die „Stimmung" der Kunden gegenüber der Bank als Organisation, oder gegenüber einzelnen Produkten automatisch auszuwerten.

Compliance – Risiko – Betrug

- **Risiko-Management**: Sowohl das Risiko einer einzelnen Kreditvergabe, als auch das Risiko des gesamten Kreditportfolios, kann über die entsprechenden Modelle bewertet und die entsprechenden Entscheidungen damit unterstützt werden.
- **Fraud Detection**: Die Aufdeckung von betrügerischen Aktivitäten durch die Erkennung der entsprechenden Muster in den Transaktionsdaten.
- **Geldwäsche – Anti Money Laundering (AML):** Analog zur Fraud Detection werden illegale Geldwäscheaktivitäten aufgedeckt (siehe Abschnitt 6.2.11).
- **Compliance – Abnormal Trading**: Die Compliance-Anforderungen an Banken steigen ständig. Beispielsweise gibt es zahlreiche Überwachungs- und Anzeigepflichten für außergewöhnliche Handelsaktionen, sowohl von Kunden als auch von Mitarbeitern der Geldinstitute.

Produkte

- **Algorithm Trading**: Investitionsportfolios können einem modellorientierten Tradingansatz folgen. Die Investitionsentscheidung erfolgt dabei nicht von Portfolio-Managern, sondern „automatisch" gemäß einem Tradingmodell, das anhand der Analyse von Vergangenheitswerten erstellt wurde.
- **Personal Finance – Personalisierung**: Den Kunden werden nicht Standard-Produkte „von der Stange" angeboten, sondern die Produkte sind individualisiert auf den einzelnen Kunden zusammengestellt. Die Auswahl der Kunden und die Erstellung der Produkte erfolgt daten- und modellgetrieben.
- **Product Engineering – Pricing**: Das Entwickeln neuer Produkte und die Bepreisung dieser erfolgt mit der Unterstützung von Machine-Learning-Verfahren.

6.1.7 Öffentlicher Sektor

Bei einer Staatsquote von 47 % ist der Public Sector die mit Abstand größte Branche in Deutschland. So gesehen ist Deutschland kein Auto- oder Maschinenbau-Land, sondern ein „Public-Sector-Land". Das Potenzial für den Einsatz von Data Science ist riesig. Der öffentliche Sektor ist aber – abgesehen von einigen Ausnahmen – wahrlich kein „Early Adopter", was Machine Learning angeht. Auf technologischer Ebene schlägt man sich noch – seit nun bald zwanzig Jahren – mit Themen wie eGoverment, elektronischen Akten und Vorgangsbearbeitungssystemen herum; also Themen, die die Industrie längst abgearbeitet hat. An Big-Data-Projekte ist da nicht zu denken. Die Beispiele und Leuchtturmprojekte sind aber vielversprechend und zeigen das vielfältige Potenzial auf. Hier folgen einige Beispiele für tatsächliche bzw. mögliche Anwendungsszenarien:

Kapitel 6 - Anwendungsfälle – Use Cases

- **Crime Prevention**: Senkung der Kriminalitätsrate durch verbesserten Einsatz der Polizeikräfte (siehe Abschnitt 6.2.12).

- **Fraud Detection im Gesundheitswesen**: Der Missbrauch im Gesundheitswesen durch Betrug und Verschwendung wird für Deutschland auf jährlich 20 Milliarden Euro geschätzt. Die Aufdeckung von Missbrauch mithilfe von Datenanalyse der Abrechnungsdaten könnte zur Senkung dieses Betrages beitragen.

- **Verkehrsflusssteuerung – Parkraumverwaltung**: Die Realtime-Steuerung von Verkehrsflüssen (insbesondere im Straßenverkehr) über datengetriebene Modelle könnte zur Einsparung von Staukosten beitragen.

- **Betriebsprüfungsoptimierung – Steuerbetrugserkennung**: Zur Verminderung von Steuerbetrug kann die Betriebsprüfung optimiert werden (siehe Abschnitt 6.2.13).

- **Predictive Maintenance der öffentlichen Infrastruktur**: Die öffentlichen Bauten und Geräte könnten über Predictive Maintenance kostengünstiger in Schuss gehalten werden.

6.2 Beschreibung einzelner Use Cases

Im Folgenden sollen einzelne Use Cases für den Einsatz von analytischen Verfahren skizziert werden. Dabei kann es aus Platzgründen nicht um eine ausführliche Beschreibung eines konkreten Beispiels mit allen Details gehen. Es soll aber zumindest die Grundidee des Anwendungsfalles verdeutlicht werden. Der Phantasie sind aber keinen Grenzen gesetzt. Überall da, wo größere Datenmengen anfallen, ist ein Einsatz von analytischen Verfahren denkbar und häufig auch lohnend. Insbesondere die exponentiell wachsende Datenmenge, die unter das Schlagwort IoT („Internet of Things") fällt, lässt neue Einsatzgebiete erwarten.

6.2.1 Marketing Analytics – Campaign Management

Bei Marketing Analytics geht es darum, die Wirksamkeit und den Erfolg von Marketingaktionen zu verbessern. Es wird anhand vorangegangener Aktionen, bei denen die Ergebnisse bekannt sind, versucht, die Erfolgsfaktoren zu ermitteln und damit den Erfolg zukünftiger Aktionen zu erhöhen. An einem Beispiel soll das verdeutlicht werden:

Es ist geplant einen Werbebrief zu verschicken, der zum Kauf eines elektronischen Gerätes auffordert. Aus der Vergangenheit weiß man, dass mit einer Responsequote von 0,7 % zu rechnen ist. Eine beliebige Adresse

– Michael Müller, Mozartstr. 35, 87654 Musterhausen –

führt also mit 0,7 % Wahrscheinlichkeit zu einer positiven Antwort. Aus der Analyse der Kunden weiß man, dass das Produkt vor allem von Männern mittleren Alters und mit höherem Einkommensniveau gekauft wird. Außerdem gibt es Erfahrungswerte über die Erfolgsquote verschiedener Marketingaktivitäten bei den Käufern in Form eines statistischen Modells.

Kapitel 6 - Anwendungsfälle – Use Cases

- Verteilung Kunden Produkt xy:

Altersklasse		Einkommensklasse	
AK1	7 %	EKK1	12 %
AK2	16 %	EKK2	27 %
AK3	65 %	EKK3	51 %
AK4	12 %	EKK4	10 %

- Kaufwahrscheinlichkeit in Abhängigkeit von Marketingmaßnahme x_i

  $$BP = 0.1254 + 4.5762 x_1 + 0{,}125 x_2 - 1{,}127 x_3$$

Aus einer externen Datenquelle beschafft man sich soziodemografische Daten. Anhand von Namen und Adressen können Aussagen über Alter und Kaufkraft einer Person gemacht werden. Der Name Michael tritt z. B. am häufigsten bei Personen im Alter von 40 bis 55 Jahren auf. Unter anderem anhand der Anzahl von gemeldeten Personen pro Hausnummer kann man auf die Kaufkraft der Wohngegend schließen (wenige Haushalte pro Hausnummer = Einfamilienhaushalte = höhere durchschnittliche Kaufkraft).

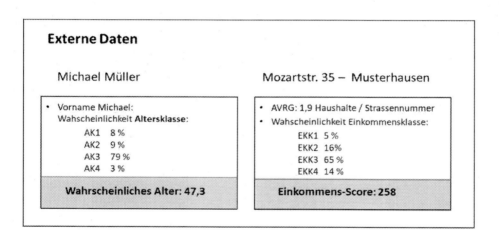

Fasst man die Erkenntnisse aus den analysierten eigenen und den dazugekauften sozioökonomischen Daten zusammen, kann man die Zielgruppe der Kampagne und die Marketingmaßnahme so optimieren, dass der Erfolg deutlich steigt. Man verschickt den Brief also beispielsweise nur noch an Personen mit einer bestimmten Alterswahrscheinlichkeit und einem Einkommens-Score-

Wert im gewünschten Rahmen. Die Responsequote erhöht sich dadurch auf 2,5 %.

An diesem Beispiel kann man das Prinzip des Verfahrens gut erkennen: Mit größter Wahrscheinlichkeit (97,5 %) wird Michael Müller den Werbebrief nach wie vor wegwerfen. Das Verhalten der Kunden kann immer noch nicht vorhergesagt werden. Durch die Nutzung externer Daten und einem auf vergangene Kampagnen basierenden Prognosemodell, konnte aber die Kaufwahrscheinlichkeit von 0,7 % auf 2,5 % mehr als verdreifacht werden. Wenn man bisher 50.000 € für die Kampagne geplant hatte, reichen jetzt 14.000 € aus, um den gleichen Erfolg zu erzielen. Das „bisschen Rechnen" hatte eine Produktivität von 36.000 €.

6.2.2 Vorausschauende Wartung – Predicitive Maintenance

Unter das Stichwort „Predictive Maintenance" fallen Anwendungsfälle, bei denen mithilfe von Prognosemodellen versucht wird, Verschleißteile in Anlagen oder Produkten, die demnächst kaputtgehen werden, rechtzeitig zu erkennen und vor dem Verschleiß auszutauschen. Der Ausfall von Anlagen oder Produkten (z. B. Produktionsanlagen, Verkehrsmitteln) oder auch der eigentliche Austauschprozess von Verschleißteilen (z. B. bei einem Windrad) kann sehr teuer sein. Daher wird versucht, durch die Analyse von Fehlerfällen in der Vergangenheit Verursachungsmuster bzw. zeitlich vorlaufende Indikatoren zu erkennen. Die Analyse dieser Daten führt zu einem Prognosemodell, das die auszutauschenden Teile vorhersagt.

Die Kunst besteht darin, den optimalen Zeitpunkt zu finden, wann ein Teil ausgetauscht werden soll. Theoretisch betrachtet, sollte ein Teil dann ausgetauscht werden, wenn die Summe aus vorsorglichen Austauschkosten und korrigierenden Reparaturkosten minimal sind. Dieses Optimum kann nur ermittelt werden, wenn man die Lebensdauer der auszutauschenden Teile – eben mithilfe der Prognosemodelle – vorhersagen kann und eine Vorstellung der Kostenfunktionen hat.

Kapitel 6 - Anwendungsfälle – Use Cases

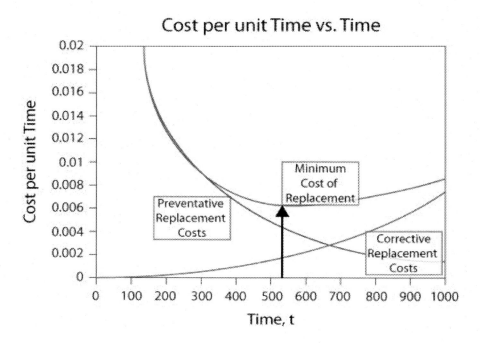

Abbildung 25: Quelle http://reliawiki.com/index.php/Introduction_to_Repairable_Systems

Ein Hersteller von Zügen bietet seinen Kunden (i. d. R. Eisenbahngesellschaften) einen Service an, der Ausfälle von Zügen durch Predictive Maintenance (vorausschauende Wartung) verringert.

Den Kunden wird eine Verfügbarkeit der Züge garantiert, die über Predictive Maintenance sichergestellt wird. In modernen Zugsystemen fallen unzählige Daten im Betrieb der Züge an. Neben den Betriebsdaten werden auch Sensordaten aus den Wagons und den Antriebsteilen gesammelt. Über die Temperaturmessungen können Ausfälle vorhergesagt werden. In einem Beispiel korrelierte ein Abfall der Motorentemperatur von mittel auf niedrig, gefolgt von einem erneuten Anstieg auf mittel, mit dem Ausfall des Motors drei Tage später. Dadurch kann der Triebwagen rechtzeitig in die Werkstatt geschickt werden, bevor es zu einem teuren und ärgerlichen Ausfall auf der Strecke kommt.[15]

6.2.3 Prognose der Stromproduktion

Mit dem Aufkommen alternativer Energiequellen wird es für Energieversorger schwieriger, eine bedarfsgerechte Stromproduktion sicherzustellen. Wind- und Sonnenenergie sind sehr stark von lokalen Wetterbedingungen abhängig und decken sich selten mit dem Bedarfsverlauf. Die Stromproduzenten müssen Angebot und Nachfrage über konventionelle Kraftwerke und über Speichermöglichkeiten ausgleichen. Mithilfe von Daten zu Sonnenstunden und Windstärken können historische Daten analysiert und als Grundlage für die Prognose der Stromproduktion und der sich daraus ergebenden Netzbelastung erstellt werden.

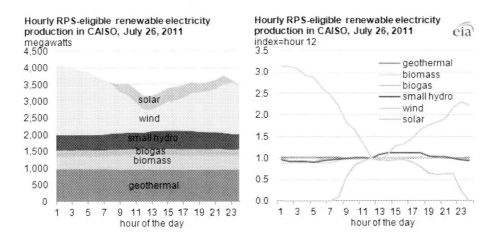

Abbildung 26: https://www.eia.gov/todayinenergy/detail.php?id=4870

---

[15] IT Production Online

Sowohl die historischen Daten als auch die Prognosedaten müssen möglichst auf sehr granularer Ebene zur Verfügung stehen. Dadurch steigt der Datenumfang und die Komplexität der Modelle, aber eben auch die Qualität der Prognoseergebnisse.

6.2.4 Präventive Medizin

Am Beispiel einer Krankenversicherung in den USA soll gezeigt werden, wie im Gesundheitswesen Kosten gespart und letztendlich Menschenleben gerettet werden können:[16] Diabetes ist in den USA eine Volkskrankheit. Für die Krankenversicherungen bedeutet das sehr hohe Kosten; für die Erkrankten eine massive Einschränkung der Lebensqualität bis hin zu einem erhöhten Todesrisiko. Durch die Analyse der zur Verfügung stehenden Daten über die an Diabetes Erkrankten – auch im Zeitverlauf, als die Erkrankung noch nicht aufgetreten war – können die Versicherer Muster erkennen. Dies kann für zweierlei Fragestellungen verwendet werden:

- Einerseits können die Faktoren identifiziert werden, die den Ausbruch der Krankheit begünstigen bzw. vorhersagen. Dadurch können Risikopatienten, die aktuell noch gesund sind, aber aller Voraussicht nach erkranken werden, frühzeitig identifiziert und durch entsprechende Maßnahmen gesund erhalten werden. Das funktioniert nicht bei jedem Einzelnen, aber die statistische Zahl der Verbesserungen war signifikant.
- Andererseits kann der Verlauf der Krankheit von schon erkrankten Patienten verbessert werden. Es können Risikofaktoren ermittelt werden, die eine Verschlechterung der Krankheit voraussagen. Diabetes-Patienten nutzen z. B. Medikamente falsch bzw. nicht ausreichend. Der Versicherer erkennt das daran, dass er zu wenige Rechnungen für das Medikament bezahlen musste. Andere Risikofaktoren bestanden aus Kombinationen von anderen Erkrankungen, Medikamenten und

---

[16] Fuzzy Logix (2017)

Krankheitsepisoden, die auf eine Verschlimmerung in nächster Zeit hindeuteten. In allen Fällen kann der Versicherer Maßnahmen anregen, die die Verschlimmerung der Krankheit verhindern helfen.

Das Beispiel lässt sich zwar nicht eins zu eins auf die Situation bei deutschen Krankenversicherungen übertragen, da die Datengrundlage für die hiesigen Versicherungen sehr unterschiedlich sind. Dennoch wird es genügend Einsatzgebiete geben, in denen vergleichbare Erkenntnisse aus Daten gewonnen werden können.

6.2.5 Kundenabwanderung - Customer Churn

Ein klassischer Anwendungsfall von Datenanalyse-Verfahren sind Churn-Prevention-Projekte, also der Versuch, die Abwanderung von Kunden vorherzusagen, um sie dann noch mit geeigneten Maßnahmen verhindern zu können. Dies findet häufig bei Telefongesellschaften statt, insbesondere im Mobilfunkbereich. Das Nutzungsverhalten von abgewanderten Kunden wird in den Monaten vor der Vertragskündigung analysiert, um entsprechende Muster zu erkennen. Stellt man ein Nutzungsverhalten von aktiven Kunden fest, das diesem „Churn-Muster" entspricht, kann man diese Kunden als abwanderungsgefährdet identifizieren. In der Regel werden entweder Scoringmodelle erstellt, wobei der Scoringwert des einzelnen Kunden die Abwanderungswahrscheinlichkeit angibt. Oder es erfolgt über Klassifizierungsmodelle eine Einteilung in „gefährdete" und „sichere" Kunden. Zur Verhinderung der Abwanderung können dann Maßnahmen veranlasst werden, wie z. B. das Anbieten eines neuen Tarifes, der Anruf durch einen Mitarbeiter, das Angebot eines neuen Mobiltelefons etc.

Die Logik der Churn-Prevention kann analog auch in anderen Branchen, oder auf Mitarbeiter bzw. Lieferanten angewendet werden.

6.2.6 Verkaufsprognose

Für Produkte, die in irgendeiner Form transportiert und bereitgestellt werden müssen, ist es wichtig, den Bedarf vorherzusehen. Insbesondere für verderbliche Waren gilt das umso mehr, da eine Überschätzung des Bedarfs bedeutet, dass man Waren wegwerfen muss. Eine Unterschätzung ist verschenkter Umsatz für den Händler.

Eine beispielhafte Anwendung ist die Prognose von Frischewaren in einer Supermarktkette aus Großbritannien.[17] Anhand von Verkaufsdaten aus der Vergangenheit, die mit weiteren externen Informationen (z. B. Wetterdaten, Feiertage, Standort, besondere Ereignisse, Verkaufsaktionen, Werbemaßnahmen etc.) ergänzt wurden, sind Prognosemodelle für den Verkauf der Waren gebildet worden.

Idealerweise wird pro Produktgruppe und Filiale ein eigenes Modell gebildet. Im konkreten Beispielen ergaben sich dabei Größenordnungen von 15 Millionen einzelnen Prognosemodellen (bei 3.000 Filialen und 5.000 Produktkategorien). Bei etwa 150 Variablen pro Datensatz, die bei der Modellbildung berücksichtigt wurden, wird die Anforderung an die Performance der analytischen Plattform deutlich. Im konkreten Fall wurde dabei eine In-Database-Technologie verwendet (siehe Kapitel 3.3.5), da das übliche Vorgehen – Extraktion der Daten aus dem Data-Warehouse in ein externes Analysesystem, Erstellen der Modelle im Analysesystem, Rückspielen der Modellergebnisse in die Datenbank – an systematische Kapazitätsgrenzen stieß. Die Berechnungen würden ansonsten Tage dauern und wären dann schlichtweg zu spät verfügbar.

Die Erkenntnisse bei der Supermarktkette waren im Einzelnen durchaus trivial und leicht nachvollziehbar. Ein Beispiel: Der Anstieg der Temperatur um 10 Grad bedeutet 300 % mehr Umsatz an Grillfleisch und 45 % an Salat.

---

[17] Fuzzy Logix (2016)

Die Erkenntnisse aus den 15 Millionen Modellen werden anhand aktueller Wetterprognosen für die Prognose der Verkäufe genutzt. Über eine Verbindung zum Logistiksystem erfolgen nun die Bestellungen für die Filialen automatisch. Die 300 % mehr Umsatz an Grillfleisch können ja auch nur realisiert werden, wenn die Ware zur richtigen Zeit am richtigen Ort vorhanden ist. An den Vergangenheitsdaten hat man das übrigens nicht unbedingt nur durch einen Umsatzanstieg in Abhängigkeit von der Temperatur erkennen können, sondern z. B. auch an der Tatsache, dass der letzte Verkauf einer Produktgruppe an einem Tag schon um 15 Uhr erfolgte. Das bedeutet: „Sold out" am Nachmittag und den ganzen Abend über Umsatz verschenkt. Bei der Analyse der Daten gilt es also immer kreativ zu sein und versuchen zu verstehen, was die Daten bedeuten können.

Natürlich hatte nicht nur das Wetter einen Einfluss auf den Absatz. Auch andere Faktoren spielten eine Rolle: Die Filiale in der Nähe eines Strandes reagiert am Montag nach einem Pokalendspiel anders auf einen Temperaturanstieg als eine City-Filiale. Die Erkenntnisse aus den 15 Millionen Modellen sind im Einzelnen möglicherweise also trivial und nachvollziehbar, aber in Summe dann weit jenseits aller menschlichen Intuition. Das können nur Maschinen.

6.2.7 Warenkorbanalyse

Die Warenkorbanalyse dient dazu, mithilfe des Einsatzes von statistischen Analysemethoden Kundenprofile zu erstellen. Unter einem Warenkorb versteht man in diesem Zusammenhang die Menge aller innerhalb eines bestimmten Zeitraums gekauften Produkte. Die Warenkorbanalyse dient u. a. dazu:

- die Kaufwahrscheinlichkeit für ein Produkt in Abhängigkeit vom Kauf anderer Produkte zu ermitteln,
- Kundentypen nach ihren Kaufpräferenzen zu bilden,
- die Sortimentsgestaltung und Warenpräsentation im Hinblick auf die „Warenkörbe" der Kunden hin zu optimieren.

Als Verfahren wird häufig die Assoziationsanalyse eingesetzt, die Aussagen über die Wahrscheinlichkeit eines Kaufes in Abhängigkeit einer schon getätigten Auswahl vornimmt. Eine Empfehlungs-Engine eines Online-Händlers z. B. empfiehlt einem Kunden anhand der vorgenommenen Produktsuchen und der Warenkorbanalyse weitere Produkte zum Kauf.

6.2.8 Empfehlungen – Recommendation Engine

Anbieter vor allem von Online-Angeboten (Online-Shops, Film- oder Musik-Anbieter) nutzen Recommendation Engines, um den Nutzern bzw. Kunden anhand der bekannten Auswahl eines Produktes weitere Produkte zu empfehlen. Grundsätzlich gibt es zwei Parameter, nach denen eine Empfehlung erfolgen kann:

- **Produkt**: Ausgehend vom Produkt wird ein ähnliches Produkt empfohlen. Wird in einem Videostreamingdienst ein Film positiv bewertet, so wird ein vergleichbarer Film empfohlen („Sie haben sich xy anschaut, deshalb empfehlen wir yz").
- **Person**: Anhand der Aktionen vergleichbarer Personen werden Empfehlungen gegeben („Kunden, die xy kauften, kauften auch yz").

Bei Recommendation Engines muss ebenfalls beachtet werden, dass die Daten ständig ergänzt werden. Starre Empfehlungsmodelle funktionieren also nicht.

	Item Vector			
	Film 1		3	6	2

User Vector		Film 1	Film 2	Film 3	Film n
Person 1	Person 1		1	3	2
	Person 2	3			1
1	Person 3	6	3		
3	Person n	2	4		2
2					

Moderne Empfehlungs-Engines tragen dem Rechnung und wenden als Verfahren eine Matrix-Faktorisierung an. Die Matrix bezieht sich auf die Tabelle mit den zwei Dimensionen Produkt und Person. Daraus können sowohl Personen- als auch Produkt-Vektoren abgeleitet werden. Die Faktorisierung bedeutet, dass inhärente Faktoren (siehe Faktorenanalyse 4.4.12) bei Bewertungen gebildet werden. Über die entsprechenden Algorithmen kann dann in einer gegebenen Situation (Person x bewertet Film y positiv) eine konkrete Empfehlung gegeben werden. Empfehlungen auf Basis der Matrix-Faktorisierung haben sich gegenüber rein personenbezogenen Empfehlungen (Collaborative Filtering siehe Abschnitt 4.4.9) als überlegen erwiesen.[18]

6.2.9 Betrugserkennung – Fraud Detection

Bei der Fraud Detection geht es darum, durch die Analyse von Daten bestimmte Muster zu erkennen und betrügerisches Verhalten aufzudecken. Die Erstellung der Modelle erfolgt in der Regel mit gelabelten Daten – also mit Daten über Fälle, von denen man weiß, ob sie betrügerisch waren oder nicht. Eine Krankenkasse schaut sich die Abrechnungsdaten eines betrügerischen Arztes genauer an. Die Muster, die man aus der Analyse der Abrechnungsdaten der betrügerischen Ärzte im Vergleich zu den nicht betrügerischen Ärzten

---

[18] Vgl. Yehuda

erkennt, werden dazu verwendet, das Betrugserkennungs-Modell zu trainieren. Damit können dann laufende Abrechnungen bewertet werden, indem man für diese einen Betrugswahrscheinlichkeits-Scoringwert errechnet. Ab einem gewissen Schwellenwert werden dann Abrechnungen einer genaueren Untersuchung unterzogen.

6.2.10 Kreditrisiko-Bewertung

Bei der Ermittlung des Kreditausfallsrisikos eines Kredit-Antragstellers geht man ähnlich wie im obigen Fraud-Detection-Beispiel vor.

Auch hier geht es darum, durch die Analyse von Daten bestimmte Muster zu erkennen, in diesem Fall eben Muster von Kreditnehmern, die Ihren Zahlungen nicht mehr nachkommen. Die Erstellung der Modelle erfolgt ebenso mit gelabelten Daten – also mit Daten über vergangene Fälle, von denen man weiß, ob sie Kreditausfälle waren oder nicht. Zusätzlich zu den internen Daten werden Scoring-Daten von Kreditagenturen (Schufa, Creditreform etc.) und weitere sozioökonomische Daten herangezogen.

Daraus werden Kreditrisikomodelle ermittelt, mit denen für jeden neuen Antragsteller ein Risiko-Score ermittelt werden kann. Schlechtere Scoringwerte bedeuten dann entweder höhere Zinsen, weitere Sicherungsmaßnahmen (z. B. verpflichtender Abschluss einer Versicherung) oder gar die Ablehnung des Antrages.

6.2.11 Geldwäscheerkennung – Anti Money Laundering

Unter Geldwäsche versteht man die kriminelle Aktivität, illegal erworbenes Geld (aus Drogenhandel, Betrug, Diebstahl, Steuerhinterziehung etc.) in den legalen Geldkreislauf einzuschleusen, sodass es nicht mehr als illegal erkennbar ist. Das Geld wird dadurch „sauber". Laut Geldwäschegesetzen sind Finanzinstitute verpflichtet, Maßnahmen zu unternehmen, damit Geldwäscheaktivitäten aufgedeckt und den Behörden mitgeteilt werden.

Die Erstellung der Modelle erfolgt anhand von gelabelten Daten, also von Kundentransaktionsdaten, von denen man weiß, dass sie geldwaschende Aktivitäten umfassen. Die Modelle werden dann auf die aktuellen Transaktionen angewendet und schlagen bei verdächtigen Aktivitäten an. Diese Fälle werden anschließend in der Regel einer weiteren, manuellen Prüfung durch die Geldwäschebeauftragten der Banken unterzogen.

Die Anzahl der Geldwäschefälle im Verhältnis zu den regulären Transaktionen ist sehr gering. Dadurch ist die Modellbildung erschwert und die Anzahl der Fehlalarme bzw. der übersehenen echten Fälle wird erhöht. Wenn der Anteil der Geldwäschefälle an den Transaktionen im Promillebereich liegt und die Güte (Accuracy) des statistischen Modells bei vielleicht 99 % liegt, wird der Graubereich der „False Positives" bzw. „False Negatives" hoch sein. Dementsprechend wichtig ist in diesem Bereich die Qualität des Modells.

6.2.12 Crime Prevention – Verbrechensbekämpfung

Predictive Analytics können für die Verbrechensbekämpfung eingesetzt werden. Polizeibehörden verfügen über eine große Anzahl von Daten über begangene Straftaten. Die Daten umfassen z. B. Datum, Wochentag, Uhrzeit, Höhe des Schadens, Art des Verbrechens, Ort etc. Die Daten können darüber hinaus angereichert werden. Der geografische Ort eines Verbrechens z. B. kann ergänzt werden um Angaben wie die Entfernung zu einer Autobahn oder Landesgrenze, die Bebauungsart, die sozialen Merkmale des Ortes. Zusätzlich können externe Daten wie z. B. Veranstaltungen, besondere Ereignisse, Wetter und Urlaubszeit hinzugefügt werden.

Kapitel 6 - Anwendungsfälle – Use Cases

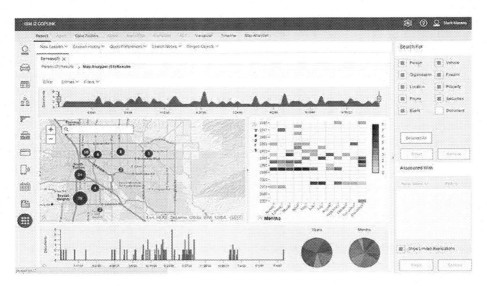

Abbildung 27: http://www.ithome.com.tw/news/97006

Aus der Analyse der Daten lassen sich Muster erkennen, die eine Prognose von Verbrechensschwerpunkten in Bezug auf Zeit und Ort zulassen. Dementsprechend können die Polizeibehörden ihre Einsatzpläne abstimmen und so durch Präsenz an potenziellen Verbrechensorte zu einer Verhinderung von Verbrechen beitragen.

6.2.13 Optimierung von Betriebsprüfungen

Um die Einhaltung von Regeln zu überprüfen, nehmen Organisationen Compliance-Prüfungen unterschiedlichster Ausprägungen vor. Die Ressourcen für die Durchführungen dieser Untersuchungen sind begrenzt und sollten deshalb auf ihre Ergebniserzielung hin optimiert werden. Ein Beispiel ist die Betriebsprüfung, die die Finanzverwaltung bei Unternehmen durchführt. In Abhängigkeit der Betriebsgröße schickt das Finanzamt mit unterschiedlicher Häufigkeit den Betriebsprüfer ins Haus. Große Unternehmen werden fast ständig untersucht, kleine Unternehmen im Schnitt nur alle 50 Jahre. Anhand der Ergebnisse (Höhe der Steuernachzahlung) und der Analyse der Daten aus den vergangenen Betriebsprüfungen kann die Finanzverwaltung die Kandidaten ermitteln, bei denen die höchste Steuerrückzahlung zu erwarten ist. Die knappe Ressource Betriebsprüfer kann damit für die lohnenden Fälle eingesetzt werden.

6.2.14 Absatzprognose zur Zolloptimierung

Produzierende Unternehmen mit weltweit verteilten Produktionsstätten und Absatzmärkten stehen vor der Herausforderung, dass in Abhängigkeit des Produktionsortes und des Absatzmarktes unterschiedliche Kosten für Importzölle entstehen können, die naheliegender weise minimiert werden sollen. Ein Schmuckhersteller z. B. kann das gleiche Produkt in seiner asiatischen oder aber in der europäischen Produktionsstätte herstellen. Wird ein Produkt z. B. in Hong Kong verkauft, fällt für das in Asien produzierte Produkt kein Importzoll an. Das identische Produkt aus europäischer Produktion würde zu hohen Zollgebühren führen.

Durch die Prognose der Absatzzahlen in den unterschiedlichen Absatzmärkten und die darauf abgestimmte, bedarfsgerechte Produktion der Produkte an der „richtigen" Stelle, kann ein Unternehmen Zollgebühren in Millionenhöhe einsparen.

Dazu werden die historischen Daten der Verkäufe, aber auch externe Daten und Erfahrungswissen für neue Kollektionen analysiert, um damit für die entsprechenden Produkte eine Prognose erstellen zu können.

Kapitel **6** - Anwendungsfälle – Use Cases

6.2.15 Social Media Monitoring – Sentiment Analysis

Unternehmen sind mit ihren Marketingaktivitäten zunehmend in sozialen Medien unterwegs. Einerseits mit aktiver Kommunikation, andererseits als Beobachter. Durch die Sentiment-Analyse von z. B. Twitter versuchen sie mit ihrem „Ohr am Kunden zu bleiben". Es kann nicht jeder Tweet, der sich mit einem Unternehmen beschäftigt, von einem Mitarbeiter gelesen und eventuell beantwortet werden. Dazu ist die schiere Menge einfach zu groß. Was aber gemacht wird, ist, dass alle Tweets, die Unternehmens-, Produkt- oder Management-Namen enthalten, gesammelt und einer automatischen Textanalyse unterzogen werden, mit dem Ziel, eine geäußerte Haltung z. B. als positiv oder negativ zu erkennen und sie dann über den Zeitverlauf ins Verhältnis zu besonderen Ereignissen zu stellen.

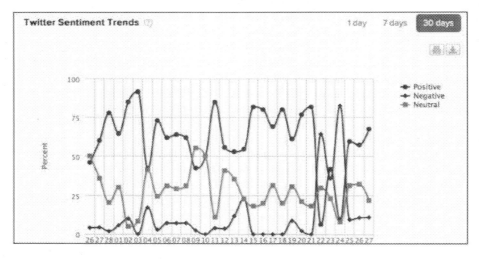

Abbildung 28: www.cision.com/us/resources/white-papers/understanding-social-media-sentiment/

Es werden dabei verschiedene Text-Mining-Verfahren eingesetzt. Im ersten Schritt wird anhand der Analyse von gelabelten Texten (also Texte, bei denen man z. B. weiß, ob sie positiv oder negativ sind) gelernt, wie die Klassifizierung stattzufinden hat. Danach werden die Texte anhand des Modells entsprechend zugeordnet. Die Modelle beachten meist das Vorkommen von Begriffen, Kombinationen von Begriffen und den Abstand von Begriffen in Sätzen und setzen diese mit bestimmten Sentiments in Verbindung. Aus den „unstrukturierten" Texten werden dadurch strukturierte Daten, die dann mit weiteren quantitativen Verfahren analysiert werden können.

6.2.16 Analyse von Streaming-Daten

Ein Sonderfall der hier aufgeführten Use Cases stellt das Thema Echtzeitanalyse von Streaming-Daten dar. Anwendungsfälle sind z. B.:

- Die Stimmungsanalyse von Social Media in Echtzeit. Dabei werden veröffentlichte Texte in quasi Realtime analysiert und zu einem Stimmungsindex zusammengefasst. Microsoft bietet mit Azure Stream Analytics ein entsprechendes Angebot, das als Webdienst innerhalb von Azure auf die entsprechenden Datenquellen angewendet werden kann.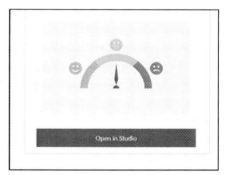
- Finanztransaktionen von Börsen oder Banken werden in Echtzeit auf Geldwäsche- oder Betrugsaktivitäten hin analysiert.
- Sensordaten von Maschinen, Fahrzeugen oder Anlagen werden in Realtime ausgewertet, um entsprechende Maßnahmen einleiten zu können.

Diese Anwendungsfälle unterscheiden sich aber von den vorherigen Beispielen, da es sich bei Streaming Analytics lediglich um die Anwendung eines vorher erstellten Modells auf Streaming-Daten handelt. Die eigentliche Modellerstellung erfolgt dabei nicht in Echtzeit mit Streaming-Daten, sondern ganz konventionell mit statischen Daten in der Modellbildungsphase. Das

Deployment eines Modells in Systeme mit Streaming-Daten ist also grundsätzlich bei allen Anwendungsfällen denkbar und stellt daher keine eigene Kategorie von Analytics-Fällen dar.

6.2.17 Bilderkennung – Arbeitssicherheit

Die Bilderkennung ist ein wichtiges Einsatzgebiet des Machine Learnings bzw. der künstlichen Intelligenz. Zum überwiegenden Teil liegen den Systemen Modelle auf Basis von neuronalen Netzen zugrunde, die auf das Erkennen von Inhalten in Bildern trainiert wurden. Ein mögliches Einsatzgebiet ist z. B. die Überwachung von Fertigungsprozessen. Über Kameras werden Werkstätten überwacht. Die Bilderkennungslogik erkennt Personen, Werkzeuge, Maschinen, Produkte und Arbeitsgänge. Es kann somit z. B. sichergestellt werden, dass sich nicht unbefugte Personen in einem sensiblen Arbeitsbereich aufhalten, bestimmte Werkzeuge von Personen genutzt werden, die dafür keine Ausbildung haben oder Arbeitsgänge in falschen Reihenfolgen durchgeführt werden. Das System kann entsprechenden Alarm auslösen oder Sofortmaßnahmen veranlassen.[19]

Dieses Einsatzszenario ruft natürlich „Big Brother"-Assoziationen hervor: Die Maschine, die den Menschen ununterbrochen überwacht und gegebenenfalls korrigiert. Einsätzr im Bereich Arbeitsschutz sind – zumindest in Europa – unter diesen Vorbehalten sicher nur in sehr engen Grenzen denkbar.

---

[19] Quelle: https://www.digitaltrends.com/computing/microsoft-build-2017-first-keynote-covered-ai-cloud-cortana/

6.2.18 Künstliche Intelligenz für die Malware-Erkennung

Konventionelle Sicherheitssoftware wie Antivieren-Programme oder Firewalls sind signaturbasiert, d. h. die Abwehr von Gefahren erfolgt anhand einer Liste (Signatur) von bekannten Gefahren. Da man damit aber keine neuen Angriffsarten (sog. Zero Day Threats) erkennen kann, gehen Sicherheitsfirmen darauf über, mithilfe von Machine Learning Muster zu erkennen, die auch unbekannte Angriffsarten aufdecken. Die Modelle, die in diesem Rahmen entwickelt werden, werden in den entsprechenden Produkten „verpackt", aber nicht offengelegt. Sie stellen die Intellectual Property für die Sicherheitsunternehmen dar und werden daher als Betriebsgeheimnis gehütet. Die Erstellung der entsprechenden Modelle in den Softwareunternehmen entspricht dem üblichen Ablauf der Datenanalyse und Modellerstellung. Der Einsatz der Software in den Anwendungsunternehmen hat dann mit der Arbeit eines Data Scientisten nichts mehr zu tun, da ja nur ein „fertiges" Produkt eingesetzt wird.

7 Abschluss

Zum Abschluss des Buches sollen noch einmal einige grundsätzliche Themen beleuchtet werden. Das Buch war als Einführung und Übersicht über das weitumfassende Themengebiet Data Science gedacht. Allzu sehr in die Tiefe konnte nicht gegangen werden und manche Themengebiete sind nur gestreift worden. Jedes einzelne der vorgestellten Verfahren würde genügend Stoff für ein ganzes Buch hergeben. Jede Data-Science-Softwareplattform könnte auf tausenden von Dokumentationsseiten und Trainingsmaterial behandelt werden. Programmierleitfäden und Bibliotheksdokumentationen von R oder Python würden ausgedruckt ganze Schränke füllen. Die spannendsten Erkenntnisse liegen in den Details der Use Cases, die hier nicht aufgezeigt werden konnten.

Es war aber nicht der Anspruch des Buches, alle Themen abschließend zu behandeln, stattdessen sollte ein grundsätzliches Verständnis für dieses spannende und abwechslungsreiche Feld aufgebaut und ein Einstieg zur weiterführenden Vertiefung gegeben werden.

Folgende Punkte sollen an dieser Stelle noch einmal zusammenfassend erwähnt werden:

- **Gespür für die Verfahren**. Mit den hier in Abschnitt 4.4 aufgeführten Beschreibungen der Verfahren soll ein „Gefühl" für die Möglichkeiten und Grenzen der einzelnen Verfahren vermittelt werden. Meine Einstellung zu den Verfahren ist etwas zwiespältig. Eigentlich sind viele Verfahren ganz einfach. Meist werden lediglich „irgendwelche" quadrierten Distanzen aufsummiert und dann wird versucht, diese Summe zu minimieren. Das ist wahrlich keine „Rocket Science", sondern lediglich Data Science. Auf der anderen Seite steckt doch viel statistisches bzw. mathematisches Know-how in den Verfahren und Algorithmen. Allzu leichtfertig kann man über die statistisch-mathematischen Grundlagen nicht hinwegsehen. Die Softwarepakete machen die Anwendung so einfach, dass man darüber die theoretischen

Grundlagen schnell vergisst. Nur wenn man grundsätzlich versteht, was die Verfahren eigentlich machen und bezwecken, kann man die statistischen Details und Kennzahlen einordnen und sein Wissen über die Details in den Verfahren vertiefen.

- **Die Grenzen und die Grenzenlosigkeit verstehen**: Wie gesagt: Die Verfahren sind oft banale Mathematik, mit ein bisschen Heuristik kombiniert. Ein künstliches neuronales Netzwerk mit – wenn's hoch kommt – einer Handvoll Hidden Layers, ist meilenweit von den 80 bis 100 Milliarden Neuronen eines echten Gehirns entfernt. Dass damit nicht die kompletten kognitiven Fähigkeiten eines Menschen nachgebildet werden können, ist offensichtlich. Auch darf man nicht vergessen, dass das echte Gehirn jahrelang trainiert wurde, bevor es seine Fähigkeiten aufgebaut hat. Alle Eltern können nachvollziehen, wie langwierig und anstrengend dieses „überwachte" Lernen tatsächlich ist. Daher sollte man nicht erwarten, dass echte menschliche Kognition bald komplett durch Maschinen ersetzt wird. Das sind die Grenzen. Auf der anderen Seite gibt es noch fast grenzenlose Einsatzgebiete von maschinellem Lernen. Der Computer ist in manchen Bereichen dem Menschen so unglaublich überlegen, dass es geradezu fahrlässig ist, diese Fähigkeiten nicht einzusetzen. Ein Muster in einer Tabelle mit zweihundert Spalten (Variablen) für 50.000 Datensätze zu erkennen, schafft buchstäblich kein Mensch. Mal eben 15 Millionen Prognosemodelle für den Verkauf von Frischeprodukten in Supermärkten zu berechnen (siehe Abschnitt 6.2.6), ist für einen Menschen ebenso unmöglich. Die noch nicht ausgeschöpften Potenziale der Datenanalyse – vor dem Hintergrund der Big-Data-Entwicklung – sind praktisch grenzenlos.

- **No Excuse**: Es gibt keine Entschuldigung, nicht morgen mit Machine-Learning-Projekten zu beginnen. Für jeden Geschmack und jeden Wissenshintergrund gibt es die entsprechenden Data-Science-Werkzeuge. Ob grafikorientiertes Klickprogramm, an Kommandozeilen orientiertes Skripting oder flexible Programmiersprachen; ob Anwendung auf dem Notebook, einem Server oder aus der Cloud: Die meisten Programme sind in der Zeit, in der Sie diese eine Seite lesen, schon heruntergeladen und auf einem Rechner installiert. Die Arbeit kann beginnen.

- **Mut zur Lücke**: Man muss ein pragmatisches Gefühl dafür aufbauen, wann man Mut zur Lücke beweisen kann. Viele Verfahren könnte man genaugenommen oft gar nicht anwenden. Die inhärenten Annahmen und Voraussetzungen (z. B. über die Normalverteilung einer Zufallsvariable) sind meist nicht erfüllt. Manche Daten, die man eigentlich bräuchte, sind nicht in der erforderlichen Qualität verfügbar, Daten aus unterschiedlichen Quellen sind nicht zu 100 % vergleichbar etc. Einem waschechten Statistiker dreht es den Magen um, wenn er einem unbekümmerten Data Scientisten dabei zusieht, wie dieser solange an den Parametern einer nichtlinearen Regression „herumschraubt", bis er mit dem Ergebnis zufrieden ist (ohne den Unterschied zwischen einem F-Test und einem T-Test zu kennen oder, schlimmer noch, Korrelation und Kausalität nicht unterscheiden zu können). Dennoch kann ein Modell unter diesen Voraussetzungen funktionieren. Man muss eine gewisse „Fuzziness" also einfach zulassen, sofern man sich ihrer bewusst ist. Das altbekannte Motto sei an dieser Stelle nochmal wiederholt: „Die meisten Modelle sind falsch, aber einige funktionieren."

- **Fantasie bei den Datenquellen**: Oft ist die Auswahl der zu analysierenden Daten wichtiger als die Optimierung am hundertsten Parameter des Verfahrens. Ganz am Anfang des Analyseprojektes macht man sich darüber Gedanken, welche Daten miteinbezogen werden sollen. Das ist ein ganz entscheidender Erfolgsfaktor für das Projekt. Wenn man bei der Verkaufsprognose für einen Supermarkt Wetterdaten miteinbezieht, oder den Abstand der Regalposition im Vergleich zum Konkurrenzprodukt extra erhebt, kann eine ganz andere Qualität an Erkenntnissen gewonnen werden, als wenn man diese Daten nicht hat.

Die Empfehlung lautet daher, sich in diesem Prozessschritt Zeit zu nehmen und der Fantasie freien Lauf zu lassen.

- **Datenschutz ernst nehmen.** Belange des Datenschutzes und der Wahrung der Persönlichkeitsrechte muss man ernst nehmen. Das betrifft zwei Aspekte. Einerseits bedeutet es schlichtweg mangelnden Respekt gegenüber den entsprechenden Abteilungen und Kollegen im Unternehmen, wenn man das Thema Datenschutz nicht miteinbezieht. Der Data Scientist mag ja ganz stolz darauf sein, dass er ein Modell entwickelt hat, welches Mitarbeiter-Churn prognostizieren kann, indem die Pausenzeiten, Telefonzeiten, Chatzeiten etc. analysiert werden. Die Personal- und Datenbeauftragten werden einen aber zurecht „steinigen", wenn sie davon erfahren. Es führt auch einfach aus offensichtlichen Gründen zu einer Blockadehaltung, wenn die entsprechenden Kollegen nicht von Anfang an mit einbezogen werden. Man kann ja durchaus mit „offenem Visier" diskutieren. Wenn es wirklich unüberbrückbare, unterschiedliche Auffassungen gibt, dann muss eben das Management entscheiden. Aber dann ist es von Anfang an im Projekt berücksichtigt und es kommt zu keinem unerwünschten „Showstopper" zwei Tage vor dem Go-Live-Termin.

  Der andere Aspekt ist die sachliche Notwendigkeit einer kritischen Überprüfung. Nicht alles, was möglich ist und dem Fachmann gefallen würde, ist richtig. Amerikaner gehen damit vielleicht anders um, wenn Google die Inhalte von Gmail-Konten analysiert und mit Daten aus anderen Google-Diensten kombiniert. Europäer und insbesondere Deutsche sind da weitaus sensibler und verzichten lieber auf Bequemlichkeit zugunsten von Datenschutz bzw. Datensouveränität.

- **Einfach machen**: Das schlägt nochmal in die gleiche Kerbe des Punktes weiter oben. Mehr machen, weniger planen und absichern! Lieber zwanzig Projekte durchführen, von denen zwar acht schief gehen, aber zwölf sehr wertvolle Erkenntnisse liefern, als in der gleichen

Zeit nur ein perfektes, geplantes Projekt durchführen. Bildlich gesprochen: Der Prozessor der Analyseplattform muss heiß laufen und nicht die Kaffeemaschine im Besprechungsraum für das fünfzigste Vorbereitungsmeeting. Let's start!

8 Informationsquellen

Das Web ist voll mit Informationen zum Thema. Eigentlich findet man alles, was man wissen muss, im Netz. Nützlich für mich haben sich die folgenden Seiten erwiesen, da sie helfen, einen strukturierten Zugang zu Wissen und aktuellen Diskussionen zu bekommen:

- **KDnuggets**: Die Großmutter aller Informationsseiten. Man erkennt schon am Namen, dass die Seite schon existierte, als Data Science noch KD = Knowledge Discovery in Databases hieß. Aber dennoch immer noch jung und aktuell und eine wichtige Informationsquelle. www.kdnuggets.com

- **Date Science Central**: Eine Online-Plattform für Big-Data-Praktiker. Viele Blogbeiträge, Webinare und Wissenszusammenfassungen. www.datasciencecentral.com

- **kaggle**: Eine Plattform für Analytics-Wettbewerbe. Unternehmen, Organisationen oder private Mitglieder können Wettbewerbe ausrufen. Eine interessante Lernplattform und wertvolle Quelle für Datensätze. Die Lösungsansätze der anderen Mitglieder können eingesehen werden. Google hat kaggle 2017 akquiriert. www.kaggle.com

- **User Groups in LinkedIn und XING**: Die entsprechenden Gruppen innerhalb der sozialen Berufsnetze eignen sich zum Netzwerken und um sich über aktuelle Trends zu informieren. Viele Beiträge sind zwar werblicher Natur, aber man findet immer wieder interessante Posts von Usern. Über E-Mail-Benachrichtigungen kann man sich nach Wunsch auf dem Laufenden halten.

    LinkedIn: z. B. „Big Data and Analytics"; „Big Data Analytics on Hadoop"; Xing: „Data Science Germany"; „Predictive Analytics and Big Data"

Kapitel **8** - Informationsquellen

- **GitHub**: Development Plattform, auf der viele Open-Source-Software-Produkte verfügbar sind.
  www.github.com

- **O'Reilly – Safari**: O'Reilly ist ein amerikanischer Computerbuchverlag, der zahlreiche aktuelle Bücher im Bereich Data Science veröffentlicht hat. Safari ist O'Reillys Lernplattform. Für einen monatlichen Betrag (derzeit 39 $) können alle Bücher als ebook, aber auch zahlreiche Onlinekurse (live und aufgezeichnet) unbegrenzt genutzt werden. Teuer, aber gut.
  www.safaribooksonline.com

- **Datanami**: Ein Nachrichtenportal zum Thema Big Data und Analytics, produziert von Tabor Communications.
  www.datanami.com

- **Data Science Blog**: Ein vorwiegend deutschsprachiger Blog über Data Science, verantwortet von Benjamin Aunkhofer, Geschäftsführer von Datanomiq, einer Beratungsgesellschaft. Nicht hunderte Beiträge am Tag, aber immer wieder interessante Interviews, Use Cases und Fachbeiträge.
  www.data-science-blog.com

- **bigdata-doctor**: Kleine aber feine privat betrieben Webseite eines Data-Science Praktikers (Dr. Juan Antonio Bernabé Moreno).
  bigdata-doctor.com

- **Meetups**: Meetup ist ein soziales Online-Netzwerk, das offline Meetings von Interessengruppen organisiert. Zu den Themen Data Science, künstliche Intelligenz, Big Data etc. gibt es in verschiedenen deutschen Städten die entsprechenden Gruppen. Die mehr oder weniger regelmäßig stattfindenden „Meetups" bestehen in der Regel aus Vorträgen und Diskussionen und dienen dem Netzwerken.
  www.meetup.com/de-DE/

Autor

Michael Oettinger ist ein freiberuflicher Data Scientist, der Unternehmen in unterschiedlichen Branchen unterstützt. Nach einem Studium der Betriebswirtschaft mit Schwerpunkt in mathematischen Verfahren und Marktforschung in Augsburg und Oviedo füllte er unterschiedliche Rollen bei PwC, IBM (u. a. SPSS), Fuzzy Logix und weiteren Softwareunternehmen aus. Als Mitglied bei MENSA beschäftigt er sich sowohl mit der menschlichen als auch mit der *künstlichen* Intelligenz. Schwerpunkt seiner Aktivitäten ist der konkrete und pragmatische Einsatz der existierenden analytischen Modelle in der betrieblichen Praxis mit den klassischen, aber auch aktuellen, „heißen" Softwaretools (v. a. R, Python, RapidMiner, KNIME, DBLytix, MLlib, H_2O und Tensorflow).

Literaturverzeichnis

Das Literaturverzeichnis mit direkten Links auf im Internet verfügbare Literaturquellen findet sich auch auf der Webseite zum Buch.

www.data-science-buch.de/literatur.html.

Backhaus, Klaus; Erichson, Bernd; Weiber, Rolf (2015), Fortgeschrittene Multivariate Analysemethoden.

Backhaus, Klaus; Erichson, Bernd; Plinke, Wulff; Weiber, Rolf (2016) Multivariate Analysemethoden - Eine anwendungsorientierte Einführung.

Bali, Raghav; Sarkar, Dipanjan (2016), R Machine Learning By Example.

Bengfort, Benjamin; Bilbro, Rebecca; Ojeda, Tony (2016), Applied Text Analysis with Python.

Box, George E. P.; Norman R. Draper (1987), Empirical Model-Building and Response Surfaces.

Brownlee, Jason (2013), A Tour of Machine Learning Algorithms, http://machinelearningmastery.com/a-tour-of-machine-learning-algorithms/, (abgerufen am 16.06.2017).

Cook, Darren. (2016), Practical Machine Learning with H_2O.ai - Powerful, Scalable Techniques for Deep Learning and AI.

Dua, Rajdeep; Singh Ghotra, Manpreet; Pentreath, Nick (2017 - 2. Auflage), Machine Learning with Spark.

Fuzzy Logix (2016), U.K. retailer embraces fresh thinking, www.fuzzylogix.com/solutions/supply-chain-optimization/, (abgerufen am 16.06.2017).

Fuzzy Logix (2017), Fighting Diabetes with Data www.fuzzylogix.com/solutions/chronic-illness-predictive-modelling/, (abgerufen am 16.06.2017).

Gartner (2013), Extend Your Portfolio of Analytics Capabilities.

Gartner (2017), Magic Quadrant for Data Science Platforms, https://www.gartner.com/doc/3606026/magic-quadrant-data-science-platforms, (abgerufen am 26.05.2017).

Géron, Aurélien (2017), Hands-On Machine Learning with Scikit-Learn and TensorFlow.

Harvard Business Review (Oktober 2012) Data Scientist: The Sexiest Job of the 21st Century. https://hbr.org/2012/10/data-scientist-the-sexiest-job-of-the-21st-century (abgerufen am 16.06.2017).

Hueske, Fabian; Kalavri, Vasiliki (2017), Stream Processing with Apache Flink.

IT Production online (2017), Predictive Maintenance bei Siemens Mobility, www.it-production.com/index.php?seite=einzel_artikel_ansicht&id=63419, (abgerufen am 16.06.2017).

Joshi, Prateek; Hearty, John; Sjardin, Bastiaan; Massaron, Luca; Boschetti, Alberto (2016), Python: Real World Machine Learning.

Karim, Rezaul; Kaysar, Mahedi (2016), Large Scale Machine Learning with Spark.

Kriesel, David (2007), Ein kleiner Überblick über Neuronale Netze, www.dkriesel.com, (abgerufen am 14.05.2017).

Lantz, Brett (2015 – 2. Auflage), Machine Learning with R.

Liu, Yuxi (2017), Python Machine Learning By Example.

Mahayar, David (2016), Kollaborative Empfehlungssysteme im E-Commerce, www.ke.tu-darmstadt.de/lehre/arbeiten/master/2016/Davari_Mahyar.pdf, (abgerufen am 16.06.2017).

McKinsey Global Institute (2011), Big data: The next frontier for innovation, competition, and productivity.

Literaturverzeichnis

Müller, Andreas C.; Guido, Sarah (2016), Introduction to Machine Learning with Python.

Müller, Andreas C.; Guido, Sarah (2017), Einführung in Machine Learning mit Python - Praxiswissen Data Science (übersetzt aus dem Englischen).

Ramsundar, Bharath; Bosagh Zadeh, Reza (2017), TensorFlow for Deep Learning.

Raschka, Sebastian (2016), Machine Learning mit Python: Das Praxis-Handbuch für Data Science, Predictive Analytics und Deep Learning.

Sjardin, Bastiaan; Massaron, Luca; Boschetti, Alberto (2016), Large Scale Machine Learning with Python.

SparkR http://spark.apache.org/docs/latest/sparkr.html.

Wickham, Hadley; Grolemund, Garrett (2017), R for Data Science.

Witten, Ian H.; Frank, Eibe; Hall, Mark A. (2005 – 2. Auflage), Data-Mining: Practical Machine Learning Tools and Techniques.

Yehuda, Bell https://datajobs.com/data-science-repo/Recommender-Systems-%5BNetflix%5D.pdf, (abgerufen am 16.06.2017).

Stichwortverzeichnis

Abhängigkeitsanalyse, 92
Abweichungsanalyse, 92
Advanced Analytics, 88
Angoss, 44
Anti Money Laundering, 188
Assoziationsanalyse, 138
Avro, 21
Bayes-Klassifikation, 105
Bayessche Diskriminanzanalyse, 101
Bayessches Netzwerk, 150
Bilderkennung, 95
Business Intelligence, 87
C4.5 und C5.0, 110
Caffe, 74
Campaign Management, 177
CART, 110
Cassandra, 19, 21
CHAID, 109
Chukwa, 21
Churn Prevention, 183
Clementine, 48
Cloud Computing, 25
Cloudera, 23
Clusteranalyse, 134
collaborative filtering, 133
Couchbase, 20
CRISP-DM, 154
Data Lake, 17
Data-Frames, 34
Dataiku, 44
Data-Mining, 87
DB Lytix, 70
decision forests, 111
Deep Learning, 89
Deeplearning4j, 74

Dendrogramm, 137
Descriptive Analytics, 85
Diagnostic Analytics, 86
Domino Data Lab, 45
DSX, 48
ETL, 17
Expertensysteme, 96
Faktorenanalyse, 140
Fischersche Diskriminanzanalyse, 101
Flatfiles, 13
Forrester, 42
Fraud Detection, 187
Fuzzy Logix, 69
genetische Algorithmen, 147
H_2O.ai, 67
Hadoop, 20
Hauptkomponentenanalyse, 143
HBase, 22
HDFS, 21
Hive, 22
Hortonworks, 23
Hybrid Cloud, 27
IaaS, 26
IBM, 46
ID3, 110
Kardinalskala, 89
Kausalanalyse, 149
Keras, 74
Klassifikation, 91
k-nearest neighbors, 103
KNIME, 50
Knowledge Discovery, 87
kollaborative Filtern, 133
Kontingenzanalyse, 149
Künstliche Intelligenz, 88

Stichwortverzeichnis

lineare univariate Regression, 125
Local Outlier Factor, 145
logistische Regression, 127
Mahout, 22, 64
MapR, 23
MapReduce, 21
MathWorks, 53
Matlab, 53
Matplotlib, 40
Matrix Faktorisierung, 187
Mehrdimensionale Skalierung, 149
Microsoft R, 54
MLlib, 64
Modelmanagement, 162
MongoDB, 19
Multi-class Logistic Regression, 128
MXNet, 72
Naive Bayes Klassifikation, 106
neuronale Netze, 112
nichtlineare Regression, 129
Nominalskala, 89
NoSQL, 18
NumPy, 40
Ordinalskala, 89
PaaS, 26
PCA, 143
Pig, 22
PostgreSQL, 15
Predicitive Maintenance, 179
Predicitve Analytics, 86
Prescriptive Analytics, 86
Private Cloud, 26
Prognose, 91
Public Cloud, 26
Python, 38
Quadratische Diskriminanzanalyse, 101
R, 34
RapidMiner, 57
RDBMS, 14
Recommendation Engine, 186
Regression, 125
Regularisierte Diskriminanzanalyse, 101
SaaS, 26
SAP, 59
SAS, 61
Scala, 41
Scikit-learn, 40
SciPy, 40
Segmentierung, 92
SEMMA, 154
Sentiment Analysis, 192
Singa, 74
Soft Max Regression, 128
Sparkling Water, 67
SparkR, 66
Sprachverarbeitung, 95
SPSS, 47
SQL, 32
Statistica, 55
supervised Learning, 93
Support Vector Machines, 102
Tensorflow, 72
Text Mining, 95
Tez, 22
Theano, 74
Torch, 74
Übersicht Data Science Plattformen, 82
überwachtes Lernen, 93
unüberwachtes Lernen, 93
Warenkorbanalyse, 185
Watson, 49
YARN, 21
Zeitreihenanalyse, 130
ZooKeeper, 22